Técnicas de venta

Miguel Ángel Sánchez Maza

Francisco Alfonso Izquierdo Carrasco

ic editorial

Técnicas de venta

1ª Edición

Editado por: IC Editorial
c/ Cueva de Viera, 2, Local 3
Centro Negocios CADI
29200 Antequera (Málaga)
Teléfono: 952 70 60 04
Fax: 952 84 55 03
Correo electrónico: iceditorial@iceditorial.com
Internet: www.iceditorial.com

ISBN: 978-84-1184-676-9
Depósito Legal: MA 485-2025

Impresión: PODiPrint
Impreso en Andalucía - España

Nota de la editorial: IC Editorial pertenece a Innovación y Cualificación S. L.

Presentación del manual

El **Certificado de Profesionalidad** es el instrumento de acreditación, en el ámbito de la Administración laboral, de las cualificaciones profesionales del Catálogo Nacional de Cualificaciones Profesionales adquiridas a través de procesos formativos o del proceso de reconocimiento de la experiencia laboral y de vías no formales de formación.

El elemento mínimo acreditable es la **Unidad de Competencia.** La suma de las acreditaciones de las unidades de competencia conforma la acreditación de la competencia general.

Una **Unidad de Competencia** se define como una agrupación de tareas productivas específica que realiza el profesional. Las diferentes unidades de competencia de un certificado de profesionalidad conforman la **Competencia General,** definiendo el conjunto de conocimientos y capacidades que permiten el ejercicio de una actividad profesional determinada.

Cada **Unidad de Competencia** lleva asociado un **Módulo Formativo,** donde se describe la formación necesaria para adquirir esa **Unidad de Competencia,** pudiendo dividirse en **Unidades Formativas.**

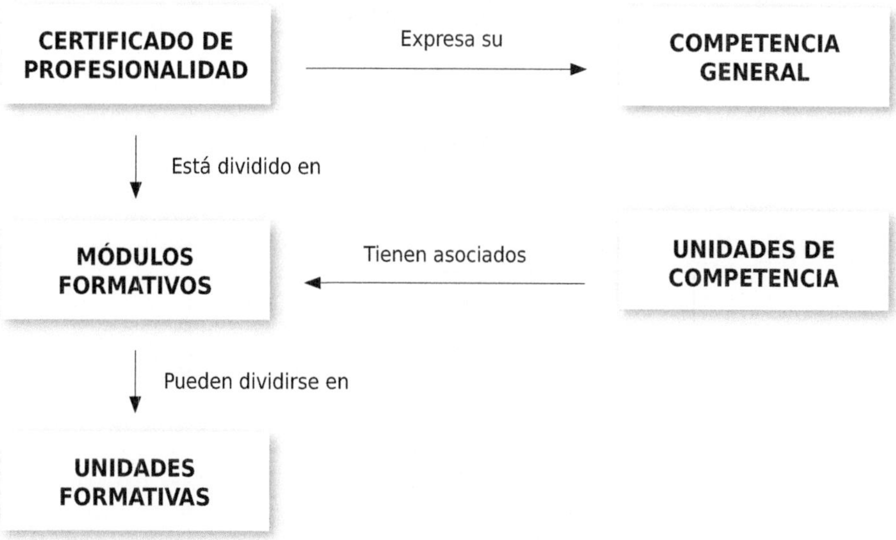

El presente manual desarrolla la Unidad Formativa **UF0031: Técnicas de venta,**

perteneciente al Módulo Formativo **MF0239_2: Operaciones de venta,**

asociado a la unidad de competencia **UC0239_2: Realizar la venta de productos y/o servicios a través de los diferentes canales de comercialización,**

del Certificado de Profesionalidad **Gestión comercial de ventas.**

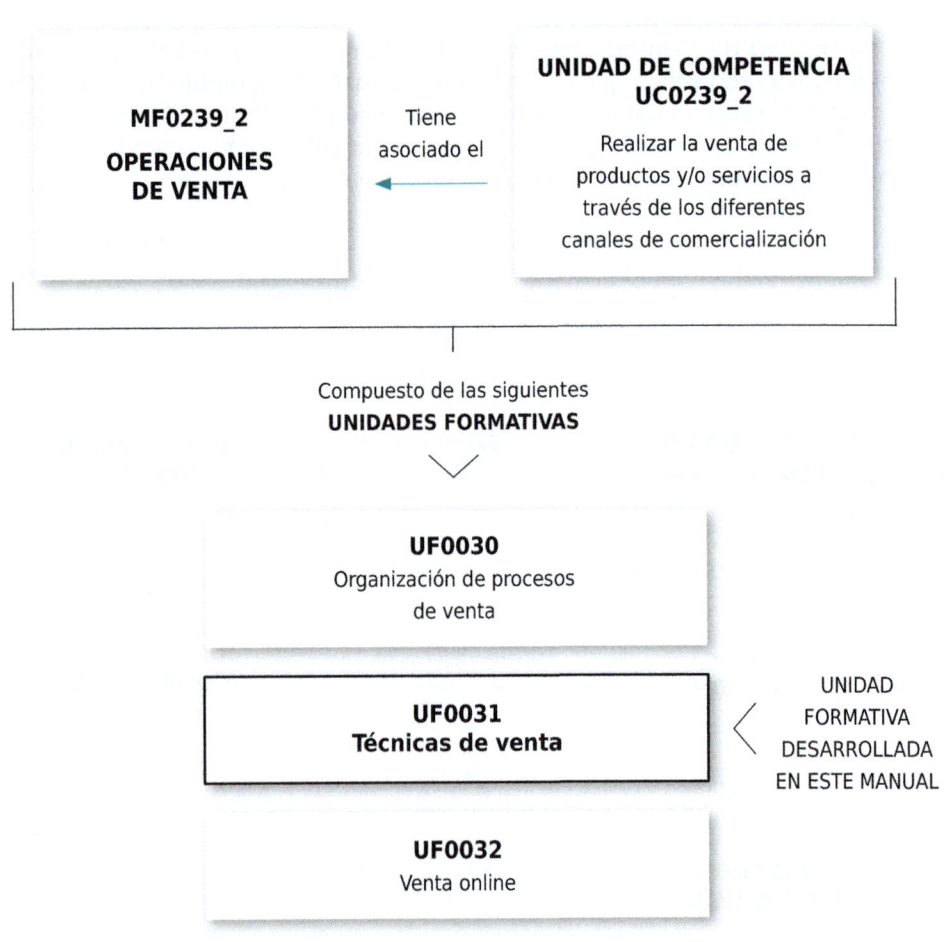

MF0239_2

OPERACIONES DE VENTA

Tiene asociado el

UNIDAD DE COMPETENCIA UC0239_2

Realizar la venta de productos y/o servicios a través de los diferentes canales de comercialización

Compuesto de las siguientes **UNIDADES FORMATIVAS**

UF0030
Organización de procesos de venta

UF0031
Técnicas de venta

UNIDAD FORMATIVA DESARROLLADA EN ESTE MANUAL

UF0032
Venta online

FICHA DE CERTIFICADO DE PROFESIONALIDAD

(COMT0411) GESTIÓN COMERCIAL DE VENTAS (R. D. 1694/2011, de 18 de noviembre)

COMPETENCIA GENERAL: Organizar, realizar y controlar las operaciones comerciales en contacto directo con los clientes o a través de tecnologías de información y comunicación, utilizando, en caso necesario, la lengua inglesa, coordinando al equipo comercial y supervisando las acciones de promoción, difusión y venta de productos y servicios.

Cualificación profesional de referencia	Unidades de competencia		Ocupaciones o puestos de trabajo relacionados
COM314_3 GESTIÓN COMERCIAL DE VENTAS (R. D. 109/2008, de 1 de febrero)	UC1000_3	Obtener y procesar la información necesaria para la definición de estrategias y actuaciones comerciales	· 2640.1047 Vendedores/as técnicos/as · 3510.1019 Agentes comerciales · 3510.1028 Delegados/as comerciales, en general · 3510.1037 Representantes de comercio, en general · 5210.1034 Encargados/as de tienda · 5499.1013 Vendedores/as no clasificados bajo otros epígrafes · Jefe/a de ventas · Coordinador/a de comerciales · Supervisor/a de telemarketing
	UC1001_3	Gestionar la fuerza de ventas y coordinar al equipo de comerciales	
	UC0239_2	Realizar la venta de productos y/o servicios a través de los diferentes canales de comercialización	
	UC0503_3	Organizar y controlar las acciones promocionales en espacios comerciales	
	UC1002_2	Comunicarse en inglés con un nivel de usuario independiente, en actividades comerciales	

Correspondencia con el Catálogo Modular de Formación Profesional		
Módulos certificado	**Unidades formativas**	**Horas**
MF1000_3: Organización comercial	UF1723: Dirección y estrategias de ventas e intermediación comercial	60
	UF1724: Gestión económica básica de la actividad comercial de ventas e intermediación	60
MF1001_3: Gestión de la fuerza de ventas y equipos de comerciales		90
MF0239_2: Operaciones de venta	UF0030: Organización de procesos de venta	60
	UF0031: Técnicas de venta	70
	UF0032: Venta online	30
MF0503_3: Promociones en espacios comerciales		70
MF1002_2: Inglés profesional para actividades comerciales		90
MP0421: Módulo de prácticas profesionales no laborales		80

Índice

OBJETIVOS GENERALES

El Objetivo General del **MF0239_2: Operaciones de venta,** en el que queda integrada la **UF0031: Técnicas de venta** es:

- Realizar la venta de productos y/o servicios a través de los diferentes canales de comercialización.

Los Objetivos Generales de la **UF0031: Técnicas de venta** son:

- Determinar las líneas propias de actuación comercial en la venta, ajustando el plan de acción definido por la empresa, a las características específicas de cada cliente.
- Atender y satisfacer las necesidades del cliente teniendo en cuenta los objetivos y productos y/o servicios de la empresa.
- Obtener el pedido a través de los diferentes canales de comercialización, utilizando las técnicas de venta dentro de los márgenes de actuación de venta establecidos por la empresa.
- Atender y resolver en el marco de su responsabilidad las reclamaciones presentadas por los clientes según los criterios y procedimientos establecidos por la empresa, respetando la normativa vigente de protección al consumidor.
- Gestionar los procesos de seguimiento y posventa según los criterios establecidos por la empresa.

Unidad de Aprendizaje 1

Procesos de venta

Contenido

1. Introducción
2. Tipos de venta
3. Fases del proceso de venta
4. Preparación a la venta
5. Aproximación del cliente
6. Análisis del producto/servicio
7. Argumentario de ventas
8. Resumen

Objetivos

El objetivo específico de esta Unidad de Aprendizaje es:

→ Aplicar técnicas adecuadas a la venta de productos y servicios a través de los diferentes canales de comercialización distintos de internet.

1. Introducción

La **venta** es una actividad humana que tiene paralelismos con muchas situaciones de la vida cotidiana.

Cualquier persona, aun sin ser consciente de ello, si bien no ha actuado como vendedor en alguna circunstancia, seguro que ha participado de una manera más o menos directa en un proceso de ventas, ya sea como **beneficiado** con el intercambio o como **parte influyente.**

Se pueden diferenciar principalmente dos tipos de venta, la **presencial y la no presencial.**

La venta presencial es aquella en la que existe la presencia física del vendedor en el momento de la transacción; por otro lado, la venta no presencial es la que se efectúa utilizando medios de comunicación telemáticos y no requiere la presencia física del vendedor.

Para formalizar las ventas con éxito, es necesario que los vendedores conozcan detalladamente las características del producto o servicio que ofrecen, de esta forma se lograrán resolver todas las posibles dudas que presenten los compradores potenciales y conseguir formalizar la venta.

Para ayudarse en el proceso de venta es aconsejable que los vendedores utilicen una herramienta llamada **argumentario de ventas,** en la que se recoge la información necesaria sobre los clientes, el mercado, las características de los productos, etc.

Dicho esto, a lo largo de la unidad analizaremos el **sistema de comercialización del grupo empresarial LIMPISA, S. L.,** empresa líder en la comercialización y fabricación de maquinaria y productos de limpieza con sede central en un polígono industrial a las afueras de Valladolid.

2. Tipos de venta

HILO CONDUCTOR

El grupo LIMPISA es una empresa dedicada a la producción y comercialización de maquinaria y productos de limpieza. Su sede central se encuentra en Valladolid, allí se ubica la fábrica de la maquinaria y el departamento desde el que se coordinan las actividades que se llevan a cabo en la empresa: venta mayorista, minorista, atención al cliente, *telemarketing*, etc.

Dado el modelo de negocio en el que se basa el funcionamiento del grupo empresarial, en este se realiza una gran variedad de tipos de venta, tanto presencial como no presencial.

El objetivo principal de toda empresa es vender sus productos, pero pueden hacerlo de diferentes formas.

Por lo tanto, es importante conocer los **principales tipos de ventas** que pueden realizar las organizaciones, de esta manera estarán mejor capacitadas para decidir cuál de ellos implementar de acuerdo con sus particularidades.

De entre los tipos de venta más habituales cabe destacar:

Venta presencial	Venta no presencial
- En el momento de la compra el vendedor y el comprador se ven cara a cara.	- No requiere la presencia del vendedor en el momento de la venta.

SABÍAS QUE...

Es necesario que todas las personas involucradas con las áreas de *marketing* y ventas conozcan cuáles son los diferentes tipos de venta y en qué consiste cada uno de ellos, para que, de esa manera, estén mejor capacitadas para decidir

Continúa en página siguiente >>

<< Viene de página anterior

cuál de ellos implementar de acuerdo a las particularidades de la empresa, su mercado meta y sus productos o servicios.

2.1. La venta presencial y no presencial: similitudes y diferencias

Se pueden clasificar los distintos tipos de ventas atendiendo a múltiples criterios, uno de ellos es el que diferencia la venta presencial de la venta no presencial.

De esta forma se puede clasificar como venta presencial:

- Venta ambulante
- Venta en establecimientos físicos
- Venta en ferias promocionales
- Venta a domicilio
- Etc.

Por otro lado, se podría clasificar como venta no presencial:

- Venta *online*
- *Telemarketing*
- *Vending*
- Etc.

DEFINICIÓN

Telemarketing
Forma de *marketing* directo en la que un asesor utiliza el teléfono o cualquier otro medio de comunicación para contactar con clientes potenciales y comercializar los productos y servicios.

Vending
Neologismo en voz inglesa que se utiliza para denominar el sistema de ventas por medio de máquinas autoexpendedoras accionadas por diversos medios de pago.

Como ha visto, la diferencia principal entre la venta presencial y no presencial es la **presencia física del vendedor** en el momento de la compra. No obstante, se pueden distinguir varios tipos de venta atendiendo a otros criterios.

Venta al comprador final

Este es el tipo de venta característica de los establecimientos de venta al detalle, en el que los consumidores van escogiendo los productos sin necesidad de acudir al dependiente para su despacho.

Establecimiento comercial en régimen de libre servicio

Venta de empresa a empresa

Este es el tipo de venta que se realiza entre empresas, no tienen como destinatario el consumidor final.

Las empresas realizan mayores volúmenes de compra que los particulares.

Venta en tienda

El cliente visita el establecimiento donde está el vendedor.

Establecimiento de venta tradicional

Venta a domicilio

El vendedor visita al cliente en su sede o domicilio.

Venta a domicilio (© Fotografía: Molly Theobald Vía Web - CC BY 2.0)

Venta ambulante

El cliente asiste al lugar donde el vendedor realiza su venta, pero este no es un lugar permanente, sino que usualmente es elegido por el vendedor para aproximarse a un perfil concreto de cliente.

Los puestos de venta ambulante suelen verse en los mercadillos locales. (© Fotografía: Nick_Nick / Shutterstock.com)

2.2. La venta fría

La venta fría consiste en **hacer llamadas o visitas a clientes para intentar vender los productos.**

¿Es recomendable?

Abordar a los clientes con la venta fría **no es recomendable** y da escasos resultados, ya que es un método invasivo que genera interrupciones a los clientes.

Pero aunque la eficacia de la venta fría es dudosa, una combinación de *cold calling* y visitas personalizadas puede ser una buena combinación.

DEFINICIÓN

Cold calling

Técnica consistente en realizar llamadas telefónicas a los clientes potenciales para obtener un primer acercamiento antes de proceder con la venta.

Por lo tanto, en el proceso de ventas hay que llevar a cabo los siguientes pasos:

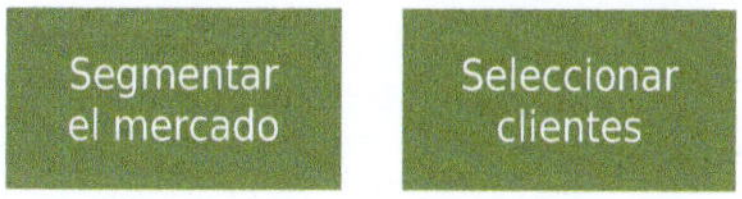

Segmentar el mercado

El primer paso en el proceso de ventas es segmentar el mercado.

Por ejemplo, un vendedor dedicado a la venta de fotocopiadoras debe identificar en primera instancia sus potenciales clientes, es decir, aquellas empresas cuya infraestructura les obliga a tener fotocopiadoras: grandes empresas, asesorías, colegios, compañías aseguradoras, etc.

Con la segmentación del mercado se pretende realizar acciones de *marketing* dirigidas a un grupo poblacional en concreto con objeto de que estas sean más eficaces

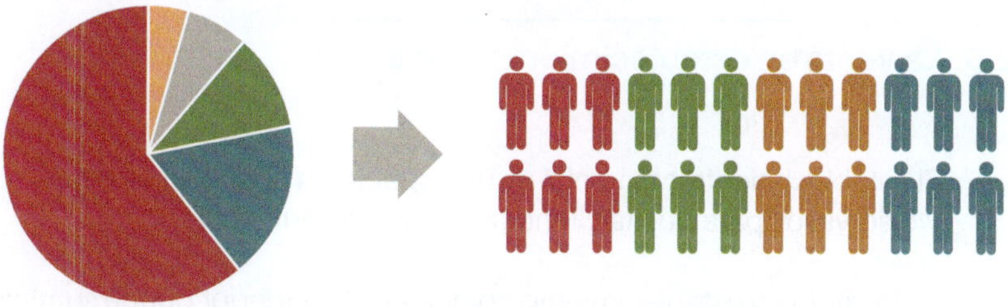

Seleccionar clientes

Una vez se identifican los **posibles clientes potenciales,** hay que seleccionar cuáles son los que se van a visitar; en primer lugar, es necesario comenzar por aquellos que *a priori* tienen más posibilidades de adquirir el producto. Para ello, hay que tener en cuenta las características que los definen:

- **Necesidad:** aquella persona o empresa que necesita el producto.
- **Accesibilidad:** facilidad o dificultad de contacto con el cliente.
- **Requisitos legales:** los clientes deben cumplir los requisitos legales para adquirir determinados bienes.
- **Capacidad económica:** el cliente debe contar con poder adquisitivo.

VÍDEO

Observa el siguiente vídeo para conocer las particularidades y cómo desarrollar la venta a puerta fría.

https://redirectoronline.com/uf00310101

2.3. La venta en establecimiento comercial

El establecimiento comercial es un espacio en el que se ofrecen productos y/o servicios para que la clientela acuda a adquirirlos.

En la venta en establecimiento comercial el vendedor puede suministrar los productos directamente al cliente, o se pueden mostrar los productos en el establecimiento y el propio cliente **decide lo que compra, lo lleva a la caja y lo paga.**

Siempre que se hable de establecimientos comerciales, se ha de suponer la existencia de un **espacio físico en el que se exponen las mercancías** al consumidor.

En el siguiente esquema se observan los diferentes sistemas de venta que se pueden dar en los establecimientos comerciales:

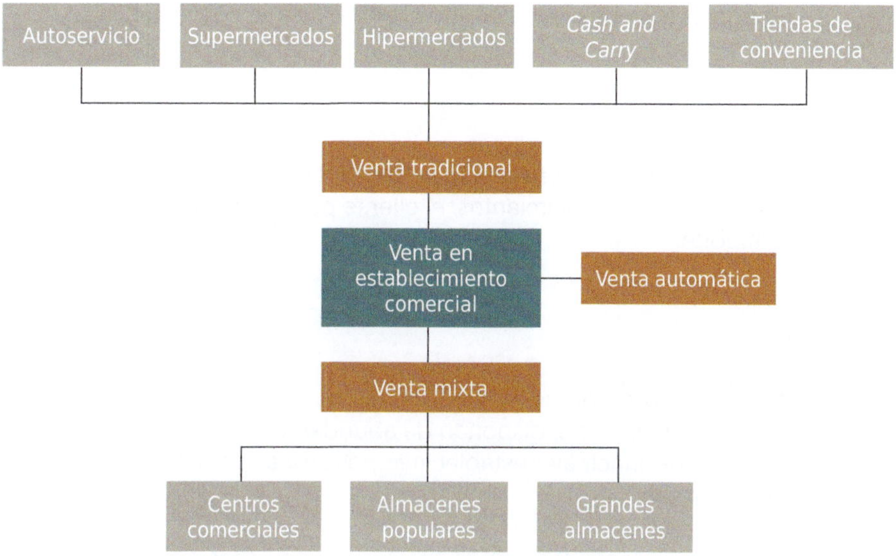

Es habitual que los tipos de venta vistos anteriormente se ofrezcan en **régimen de libre servicio.** En este tipo de venta, el cliente entra al establecimiento y se autosirve de los productos que necesita, el vendedor solo interviene en el pago del producto y está disponible para posibles consultas.

Venta tradicional

En este tipo de venta el comprador necesita asistencia del vendedor para seleccionar y adquirir los productos. Dentro de la venta tradicional se engloban los siguientes tipos de establecimientos:

- **Autoservicio:** es un establecimiento en régimen de libre servicio con una dimensión entre 60 y 300 m^2.
- **Supermercados:** establecimientos en régimen de libre servicio con una dimensión entre 300 y 2.500 m^2.

- **Hipermercados:** establecimientos en régimen de libre servicio con una superficie de venta de más de 2.500 m^2.
- ***Cash and Carry:*** son establecimientos en régimen de libre servicio, realizan ventas al por mayor y en ellos solo pueden comprar sus socios (comerciantes minoristas).
- **Tiendas de conveniencia:** son establecimientos que se caracterizan por estar abiertos al menos 18 h al día, tienen una superficie inferior a 500 m^2 y cuentan con un surtido amplio, aunque lo ofrecen a precios superiores a los de cualquier otro establecimiento comercial.

Venta automática

Consiste en colocar dispensadores automáticos de productos en el interior o exterior de los establecimientos, el cliente podrá adquirirlos previo pago de su importe.

Venta mixta

Establecimientos de grandes dimensiones que ofrecen sus productos en régimen de libre servicio, disponen de abundante personal para atender a los clientes. Los principales establecimientos en los que se lleva a cabo este tipo de venta son:

- **Grandes almacenes:** establecimientos con una gran superficie de venta, generalmente distribuida en varias plantas y con un amplio surtido de artículos.
- **Almacenes populares:** su estrategia comercial se dirige a ofrecer precios bajos, cuentan con menor surtido y superficie que los grandes almacenes.
- **Centros comerciales.**

2.4. La venta sin establecimiento comercial

La principal ventaja de este tipo de venta radica en que el consumidor **puede adquirir el producto cómodamente desde su domicilio,** sin tener que desplazarse a un establecimiento, ahorrando tiempo, trayectos en automóvil o transporte público, atascos de tráfico, molestias producidas por aglomeraciones de gente, colas, etc.

Los sistemas más habituales de venta fuera del establecimiento comercial son los que se detallan a continuación:

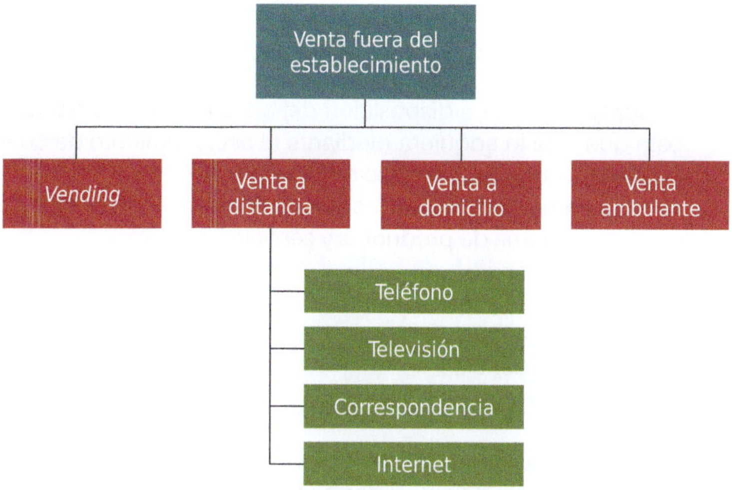

APLICACIÓN PRÁCTICA

Genaro es emprendedor y quiere montar un negocio. Por cuestiones presupuestarias, ha decidido crear una empresa en la que no sea necesario contar con un establecimiento comercial. Un amigo le ha hablado de los siguientes modelos de negocio: la venta ambulante, el *vending* y el *cash and carry.*

¿Cuáles de estos modelos podría montar Genaro?

SOLUCIÓN

La venta ambulante se clasifica como venta sin establecimiento comercial porque no dispone de la infraestructura necesaria y no tiene una ubicación fija y duradera en el tiempo.

El *vending* o venta automática se podría clasificar como venta en establecimiento comercial y como venta sin establecimiento comercial, todo dependerá de donde se ubique la máquina.

Por otro lado, el *cash and carry* es un tipo de establecimiento de venta al por mayor, en la que se dispone de un espacio físico que conforma la sala de ventas.

Dependiendo del medio utilizado, los diferentes **tipos de sistemas de venta** sin establecimiento comercial se pueden clasificar del siguiente modo:

- ***Vending:*** se pone a disposición del consumidor el producto o servicio para que este lo adquiera mediante el accionamiento de cualquier tipo de mecanismo y previo pago de su importe.
- **Venta a distancia:** emplea medios de comunicación directa para vender una amplia gama de productos y servicios, como:
    - Teléfono
    - Televisión
    - Correspondencia
    - Ordenador
- **Venta a domicilio:** en este tipo de venta existe una relación personal entre el vendedor y el comprador; se puede realizar en la sede de la empresa vendedora o en el domicilio del cliente.
- **Venta ambulante:** es similar al comercio tradicional, es la que se realiza en rastros y mercadillos. También puede ser una venta a domicilio.

2.5. La venta no presencial

La venta no presencial se distingue de la venta presencial en que cuando se realiza el acto de compra **no hay presencia física del comprador y vendedor.**

A continuación, se citan los diferentes **tipos de venta no presencial.**

Venta por teléfono

Consiste en iniciar el contacto telefónicamente con el cliente con el objetivo de cerrar una venta. Puede ser venta **externa** o **interna.**

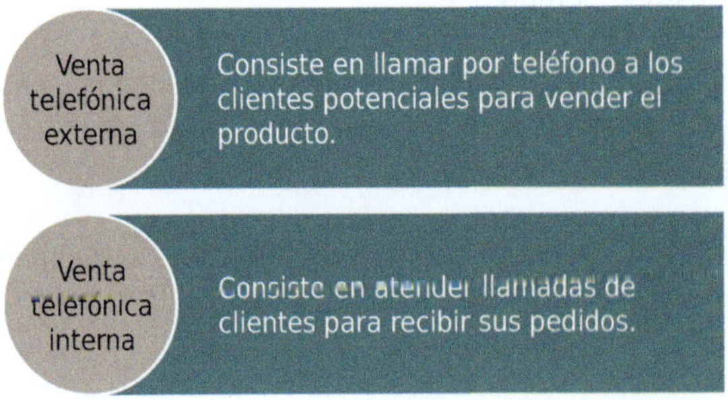

Venta telefónica externa
Consiste en llamar por teléfono a los clientes potenciales para vender el producto.
Venta telefónica interna
Consiste en atender llamadas de clientes para recibir sus pedidos.

Venta *online*

Se ponen en venta los productos de la empresa **en una página web,** de forma que los clientes potenciales puedan conocer sus especificaciones y proceder al pago con medios telemáticos.

En la actualidad la mayoría de los comercios online disponen de webs adaptadas a dispositivos móviles.

Venta por catálogo

Al cliente se le facilita un catálogo con productos o servicios, elige los artículos que le interesan y la empresa los envía por correo ordinario o agencias de transporte.

Televenta

La venta a través del medio televisivo es una opción atractiva para las empresas; ha experimentado un desarrollo notable en los últimos años y está teniendo una gran aceptación por parte del consumidor.

Vending

El *vending* es un tipo de venta no presencial, en la que se usan **máquinas autoexpendedoras** para ofrecer los productos o servicios a los clientes. De entre sus ventajas, cabe destacar que están en funcionamiento 24 h al día, los 365 días del año.

Las máquinas autoexpendedoras están incorporando nuevos sistemas de cobro.

3. Fases del proceso de venta

La venta es el **acto por el que las empresas y consumidores adquieren productos o servicios.**

Para conseguir que las empresas cierren sus ventas de forma efectiva es aconsejable que sigan un procedimiento determinado. Con respecto a las fases en el proceso de venta presencial se pueden diferenciar las siguientes:

Aproximación al cliente > Desarrollo > Cierre de la venta

IMPORTANTE

Sin la existencia de un proceso detallado, no se podrían satisfacer de forma efectiva las necesidades y deseos de los clientes, ni cooperar para conseguir el logro de los objetivos de la empresa.

3.1. Aproximación del cliente, desarrollo y cierre de la venta

El proceso de venta exige seguir una serie de **pasos** necesarios para llevar a buen fin los objetivos propuestos. Este proceso se resume en:

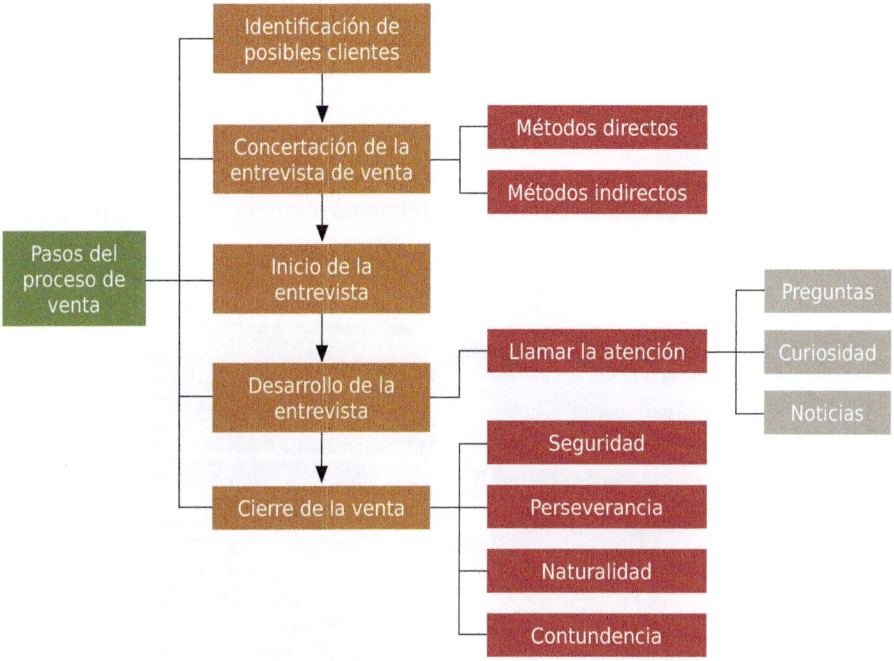

A continuación, se explicarán cada una de las etapas del proceso de ventas.

Identificación de posibles clientes

Todo proceso de ventas debe comenzar con la **identificación de los clientes** potenciales, esto es, los clientes que reúnen una serie de características que los hacen susceptibles de adquirir un determinado producto.

Concertación de la entrevista de venta

Tras la identificación de los posibles clientes es aconsejable hacer una llamada telefónica y concertar una entrevista para presentar el producto e intentar cerrar la venta. A continuación, se exponen dos métodos que permiten concertar una entrevista de ventas:

Métodos directos	Métodos indirectos
El vendedor se encarga de concertar la entrevista.	Un intermediario se encarga de concertar la entrevista.

Inicio de la entrevista

Al comienzo de la entrevista con el cliente se aplicarán las técnicas adecuadas para "romper el hielo"; los cinco primeros minutos son claves para conseguir la venta.

El vendedor deberá conocer perfectamente las características del producto antes de exponerlo al cliente.

Desarrollo de la entrevista

Durante la entrevista se deben aplicar una serie de técnicas que permitan al vendedor cerrar la venta; **llamar la atención del cliente** es un factor clave en esta fase. Esto puede conseguirse por medio de:

Preguntas	Curiosidad	Noticias
- Se utilizarán para llamar la atención del cliente y conseguir una comunicación activa.	- Se plantearán frases que generen curiosidad en el cliente, consiguiendo así que tenga menos distracciones.	- En la medida de lo posible, habrá que hacer ver al cliente que el producto es una noticia en sí mismo.

Cierre de la venta

La última etapa del proceso de venta es el cierre; para que se produzca es necesario que el vendedor mantenga una actitud que muestre:

- **Seguridad:** el vendedor debe mostrarse seguro ante el cliente.
- **Perseverancia:** el vendedor debe ser constante, la mayoría de las ventas se producen después de que el vendedor haya dicho que no en más de una ocasión.
- **Naturalidad:** se debe mostrar naturalidad en el momento de la compra para que el cliente se sienta cómodo.
- **Contundencia:** se debe intentar cerrar la venta en el momento de la entrevista, no se debe aplazar.

Si el vendedor ha actuado correctamente en todas las fases de la venta existe una alta posibilidad de que esta se formalice.

Un factor determinante, que condicionará la aproximación al cliente, el desarrollo y cierre de la venta, será el **posicionamiento de la empresa.**

Con el posicionamiento se trata de establecer un lugar en el cerebro de los consumidores, asociar el producto con alguna característica y ocupar ese espacio de memoria en la mente del consumidor.

Pero **no existe una clasificación "tipo" de las diferentes estrategias** de posicionamiento, ya que cada empresa, en función de lo que quiera transmitir a sus clientes, utilizará una serie de recursos y estrategias para lograr posicionarse en la mente de los consumidores de una forma u otra.

EJEMPLO

Observa diferentes estrategias de posicionamiento de dos empresas distintas, que han utilizado el embalaje de sus productos para reforzar su imagen corporativa.

Caso 1

© Fotografía: Cole & Weber / licoresreyes.es

En la imagen anterior se muestra una botella de vino producto de una campaña publicitaria de la empresa *Cole & Weber*. La empresa regaló este singular paquete a un grupo selecto de clientes para fidelizarlos.

Además de una estrategia de fidelización, con este regalo se consiguió que el cliente posicionara a la empresa como una organización innovadora y creativa, que ofrece productos de calidad.

Continúa en página siguiente >>

<< Viene de página anterior

Caso 2

© Fotografía: vilaviniteca / vega-sicilia.com

Esta imagen muestra el empaque de una conocida botella de vino. En esta empresa han optado por un *packaging* más tradicional y menos llamativo, este consigue posicionar a la empresa como una organización que ofrece productos tradicionales de alta calidad.

El correcto posicionamiento de una empresa o producto es fundamental para el éxito de cualquier organización, por lo que cada empresa deberá tener esto en cuenta y seleccionar la estrategia de posicionamiento que mejor se adecúe a sus características y la imagen que quieren transmitir.

Momentos de cierre

Es fundamental prestar atención al cliente durante la entrevista, ya que puede mostrar indicios de compra que ayudarán a predecir cuál es el mejor momento para intentar cerrar la venta.

En este sentido, hay **dos tipos de indicios de compra** que permitirán conocer la evolución de la venta:

Lenguaje no verbal	Preguntas del cliente
- El cliente se relaja - El cliente abre las manos - El cliente afirma con la cabeza - Toma el producto o el catálogo en sus manos - El cliente examina el producto	- Duración del producto - Financiación - Garantía - Plazo de entrega

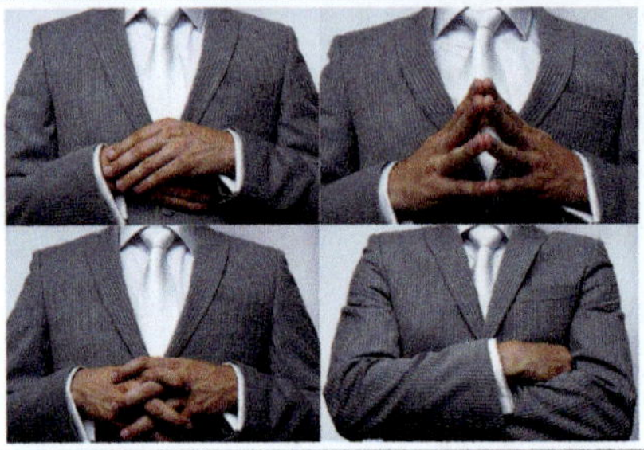

El lenguaje no verbal es aquel en el que **la comunicación se produce sin palabras,** es decir, mediante posturas y gestos.

Este tipo de comunicación tiene una gran importancia, ya que **complementa a la información dada verbalmente** por el interlocutor y aporta nueva información a la misma. Por este motivo, es fundamental prestar atención al cliente y todos los datos que puede facilitar mediante su comportamiento no verbal.

APLICACIÓN PRÁCTICA

María ha concertado una cita con un cliente para intentar cerrar una importante venta. A lo largo de la entrevista María ha podido observar los siguientes comportamientos en el cliente: ha cruzado los brazos, ha tocado su oreja, ha abierto sus manos y ha hecho preguntas sobre el producto.

Identifica qué comportamiento no verbal del cliente indica que es el momento del cierre de la venta.

Continúa en página siguiente >>

<< Viene de página anterior

Solución

Con respecto al lenguaje no verbal, si el cliente cruza los brazos significa que no está convencido de la charla del vendedor. En el caso de que toque su oreja, se puede interpretar como un claro indicio de que el cliente tiene dudas respecto al producto.

Por otro lado, si el cliente abre las manos, está mostrando una actitud receptiva, y si hace preguntas sobre la financiación, es un claro indicio de que el cliente está interesado en el producto, ya que se preocupa de las condiciones de pago. Ante estos comportamientos no verbales, se podría proceder con el cierre de la venta.

Técnicas de cierre

Hay multitud de técnicas de venta, que el vendedor tendrá que ir adaptando en función de cómo evolucione la entrevista de venta.

A continuación, se indican una serie de **métodos** que pueden servir de base como técnicas de cierre:

- **La balanza:** normalmente el cliente antes de comprar el producto sopesa los pros y los contras. Para aplicar esta técnica de venta el vendedor debe ir enumerando las ventajas e inconvenientes del producto, haciendo énfasis sobre las ventajas y procurando presentar los inconvenientes de una forma casi imperceptible para el cliente.
- **La acción:** esta técnica goza de menor prestigio que la anterior, se basa en la psicología, consiste en hacer que el cliente realice una acción determinada que lo lleve a adquirir el producto.
- **Los detalles:** esta técnica se usa cuando, tras haber aplicado anteriormente técnicas de venta, el cliente aún tiene dudas sobre la compra del producto. Es necesario aplicarla cuando el cliente siente que ha sido convencido por el vendedor; en estos casos el vendedor hará ver al cliente que es él quien tiene el poder de decisión, haciendo que se sienta protagonista.

EJEMPLO

Un vendedor de coches comienza a acelerar el vehículo para indicar al cliente la potencia del mismo, si el cliente impide que el vendedor siga acelerando el vehículo (es decir, realiza una acción concreta que es la de impedir que "se siga maltratando el coche") la venta estará cerrada, ya que esta acción es una demostración clara de que el cliente siente el coche como suyo y se niega a que lo sigan maltratando.

El contacto que se establece entre el comprador y el vendedor se puede desglosar en **cinco fases** distintas desde que el cliente entra en el establecimiento hasta que sale del mismo una vez finaliza la compra:

Presentación

- Constituye la primera imagen para el cliente.

Acogida

- Recibimiento y acercamiento al cliente.

Atención

- Centrar la atención en lo que para el comprador es el núcleo de su visita, la razón por la cual ha venido al establecimiento.

Información

- En esta fase de comunicación es importante conocer el comportamiento y tipología del consumidor.

Cierre de la venta y despedida

- Una vez que el cliente se ha decidido y ha elegido el producto, se debe cerrar la venta.

3.2. Fases de la venta no presencial. Diferencias y similitudes con la venta presencial

En cuanto a las fases de la venta no presencial, esta presenta las mismas que la venta presencial, diferenciándose entre ellas por el escenario en el que tienen lugar.

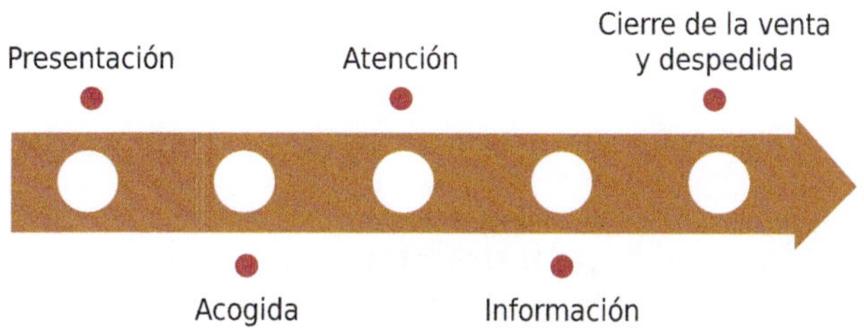

A diferencia de la venta presencial, en este tipo de venta **no hay contacto físico con el cliente,** por lo que no se requiere que el comprador y el vendedor coincidan al mismo tiempo; esto hace que la comunicación pueda ser dificultosa y no se creen relaciones entre el vendedor y el cliente.

El proceso de compra de algunos establecimientos no presenciales está totalmente automatizado, por lo que no se requiere la presencia del vendedor en el proceso de compra.

TAREA 1

Roveri Technology es una empresa que fabrica microchips para *smartphones;* sus clientes son grandes compañías telefónicas. Gracias a sus campañas de *marketing,* su producto ha generado grandes expectativas en el mercado, consiguiendo que haya un gran número de clientes ansiosos por adquirirlos, ya que consideran que es un producto de alta calidad a un precio realmente asequible.

Analiza cuál es la estrategia de posicionamiento de la empresa y cómo influye esta en la relación con el cliente.

Continúa en página siguiente >>

<< Viene de página anterior

¿Cuáles serán las fases del proceso de venta presencial del producto? Identifica y describe dichas fases, explicando cuáles son las cualidades y actitudes que permitirán al vendedor facilitar sus relaciones comerciales a lo largo de estas fases.

¿Serán iguales las fases y actitudes del vendedor si la venta se realiza de forma no presencial?

4. Preparación a la venta

HILO CONDUCTOR

Varios de los clientes del grupo LIMPISA son grandes empresas que cuentan con varias sedes y realizan importantes compras de maquinaria y productos de limpieza.

Para tratar con este tipo de clientes, LIMPISA envía a sus vendedores a las sedes de sus clientes, en las que mantienen reuniones con los responsables de compra de material. Es fundamental que los vendedores preparen adecuadamente la entrevista de ventas, ya que de esto dependerá que se cierren o no acuerdos importantes.

El procedimiento de venta supone el desarrollo de varias **fases:**

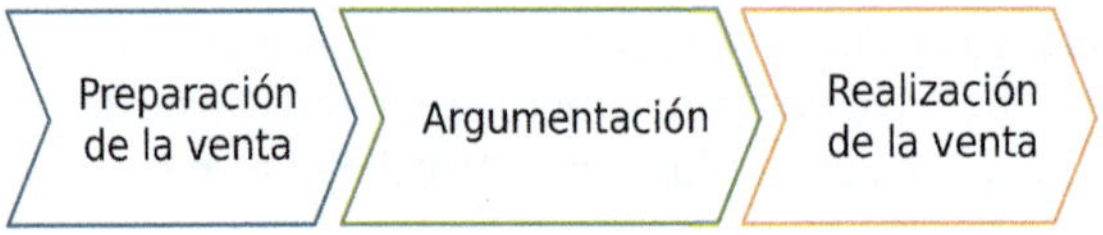

Pero cuando se vende un producto, **no hay que pasar obligatoriamente por todas estas fases.** Desde el punto de vista del producto, se pueden dar todas las fases o solo alguna de ellas, ya que el proceso es personalizable.

Para una correcta preparación de la venta es necesario realizar una **prospección de clientes** y conocer profundamente las **características del producto;** esto es fundamental para poder hacer una buena argumentación. Si el vendedor ha actuado de forma correcta a lo largo del proceso de venta, el cierre debe ser la consecuencia lógica del proceso.

RECUERDA

A la hora de vender un producto no es necesario pasar por todas las fases del proceso de ventas.

A continuación, se analizarán cada uno de estos factores.

4.1. Conocimiento del producto

Uno de los principales pasos para producir ventas con éxito es la demostración del producto, por lo que se necesitan conocer sus características para convertirlas en beneficios para el cliente.

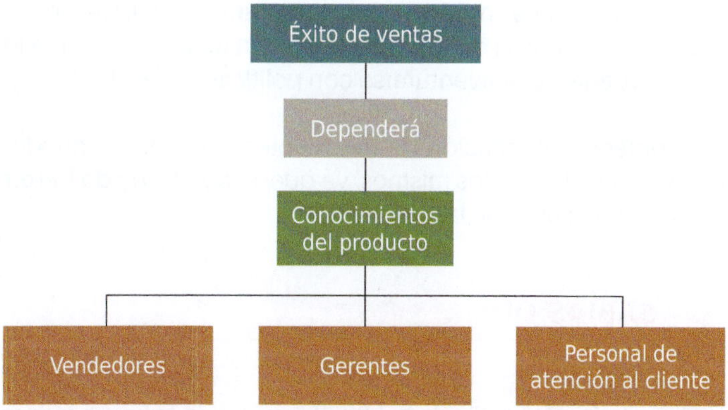

Un vendedor competente y profesional puede vender cualquier tipo de producto aplicando las técnicas de venta adecuadamente, aunque es esencial que estas técnicas se combinen con un **conocimiento exhaustivo del producto.**

Conocer el producto es necesario para poder identificar las características que lo hacen diferente, las que permitirán que el cliente se incline por nuestro producto sobre cualquiera que exista en el mercado. Las características diferenciales suelen ayudar en la toma de decisión.

Pero aunque es importante **conocer las características para demostrar las ventajas del producto,** no se debe caer en el error de agobiar al cliente con ellas sino **identificar cuáles se adaptan a sus necesidades.**

4.2. Conocimiento del cliente

Actualmente es necesario conocer a los clientes, no solo sus rutinas de compra, sino también lo que buscan, lo que necesitan y lo que adquirirían, para ofrecérselo. En definitiva, se trata de **conocer su perfil** en relación con la empresa.

Con los niveles de consumo que se dan hoy en día, las compañías deben plantearse ahora una política que les permita subsistir a la espera de que el ciclo económico mejore. Y antes de salir a la calle a la "caza" de nuevos clientes, lo mejor es cuidar a los que tiene y hacer todo lo posible para que no se vayan a la competencia.

El reto es interesante, y aunque no se puede generalizar, lo cierto es que este principio básico todavía no lo tienen bien asentado muchas de nuestras empresas. Tras diversos estudios, es conocido **que captar un nuevo cliente cuesta cinco veces más que mantener uno actual.** De modo que es preferible emplear toda la energía disponible en tener contentos a los que ya nos compran, antes que aventurarse con políticas de resultado incierto.

Para obtener información de los clientes actuales, se puede analizar una muestra del 20 % de los mismos, ya que, según la **ley de Pareto,** esta muestra aportará el 80 % de la información.

SABÍAS QUE...

La "Ley de Pareto" o "Regla del 80/20" se puede aplicar a numerosos campos de estudio, y dice que el 20 % de algo es esencial y el 80 % es trivial.

Aplicado a las ventas, esto significa que el 20 % de los clientes produce el 80 % de los beneficios; o el 20 % de los vendedores realiza el 80 % de las ventas.

TAREA 2

Vicente es vendedor de LIMPISA, y se encuentra reunido con un cliente para intentar cerrar una venta. El cliente le ha hecho varias preguntas sobre el producto que desea comprar, pero Vicente no conoce bien el producto y se ha mostrado dubitativo al responder... además, no ha podido solventar las dudas que tenía el cliente sobre el producto, por lo que finalmente no se ha formalizado la venta.

¿Cómo han influido los conocimientos sobre el producto y el comportamiento de Vicente en el proceso de venta?

Describe hasta qué punto influye sobre el cliente el grado de conocimiento que un vendedor posee sobre el catálogo de productos o servicios que ofrece.

5. Aproximación del cliente

La aproximación al cliente es uno de los **primeros pasos en el proceso de venta,** es especialmente importante porque una incorrecta aproximación llevará al traste las expectativas de los comerciales o empresarios.

Para que el proceso se desarrolle de forma adecuada, y el **vendedor consiga el éxito** en su carrera de ventas, deberá:

Realizar investigaciones de mercado

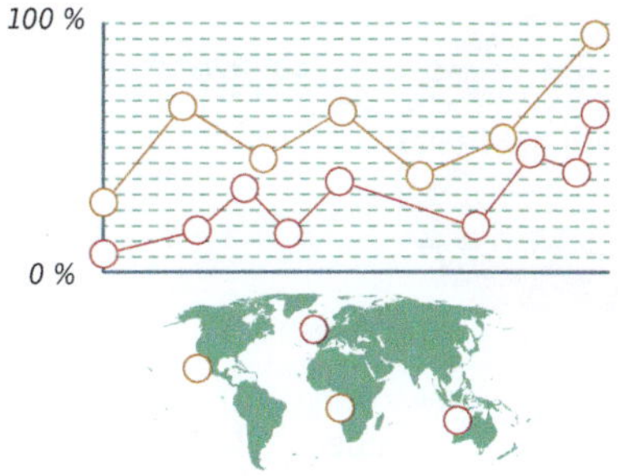

Detectar las necesidades del consumidor

RECUERDA

La mejor manera de tener éxito en la venta es tener un excelente conocimiento tanto del producto como del cliente.

5.1. Detección de las necesidades del consumidor

La principal forma de detectar las necesidades de un cliente es la **investigación de mercados,** en la cual se involucra la observación y recopilación de información sobre el consumidor y sus preferencias.

El objetivo de toda investigación de mercados es **obtener datos importantes sobre el mercado y la competencia;** esto servirá de guía para la toma de decisiones.

Las investigaciones de mercado suelen reflejar cambios en la conducta del consumidor, cambios en los hábitos de compra y la opinión de los consumidores.

Las **principales herramientas** con las que cuentan las empresas para realizar investigaciones de mercado son las siguientes:

Con el uso de estas herramientas, las empresas consiguen información sobre aspectos relacionados con los clientes y sus necesidades. Cabe destacar que las preguntas que se realicen con cada una de estas herramientas deben estar bien diseñadas, y se deben incluir algunas **preguntas de control** para verificar que la información que se recibe es lo suficientemente objetiva y cierta.

PARA SABER MÁS

Para ver diferentes tipos de encuestas, así como los elementos básicos para su diseño y algunos ejemplos, accede al siguiente enlace:

https://redirectoronline.com/uf00310102

5.2. Clasificación de las necesidades, según distintos tipos de criterios

HILO CONDUCTOR

Ana está realizando una entrevista de trabajo para el departamento de I+D+i de la empresa LIMPISA. El responsable de recursos humanos considera que para trabajar en este departamento es necesario que los candidatos conozcan cuáles son las motivaciones que mueven a los individuos a adquirir los productos de la empresa; de este modo se podrán crear productos que satisfagan de forma eficiente las necesidades de los consumidores.

Abraham Maslow, psicólogo estadounidense, desarrolló una teoría para explicar por qué a las personas les motivan una serie de cosas en determinados momentos de su vida.

Llegó a la conclusión de que las necesidades humanas siguen un orden jerárquico, desde las más urgentes a las menos urgentes, quedando representadas de forma gráfica en su **pirámide de las necesidades,** donde se relacionan motivos primarios y secundarios.

Pirámide de Maslow

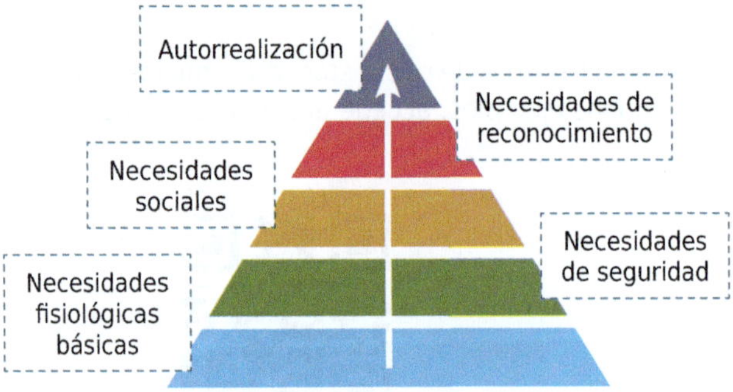

La **teoría de Maslow** propone que una vez satisfechas por parte del individuo las necesidades primarias, se desarrollan necesidades y deseos más elevados según se asciende en la pirámide.

A continuación, se exponen las diferentes necesidades según la teoría de Maslow:

- **Necesidades fisiológicas:** son las **necesidades básicas** del ser humano, como el hambre, la sed, la vivienda...
- **Necesidades de seguridad:** una vez satisfechas las necesidades básicas, el individuo comienza a necesitar más cosas; las **necesidades de protección** tienen relación con la necesidad que tiene el individuo de sentirse seguro.
- **Necesidades sociales:** una vez satisfechas las necesidades anteriores, va a sentir la necesidad de **afecto y pertenencia a un grupo.**
- **Necesidades de reconocimiento:** una vez satisfechas las necesidades sociales, el individuo busca y necesita **estima y consideración.**
- **Necesidades de autorrealización:** en esta fase el individuo no se conforma con sentirse útil y respetado, o con que se reconozca su trabajo, ahora quiere **responsabilidades mayores.**

5.3. Hábitos y comportamiento del consumidor: variables internas y externas que influyen en el consumidor

Puesto que la base de la actividad comercial es la satisfacción de las necesidades del cliente, el estudio del comportamiento del consumidor cobra una importancia notable en el ámbito de la comercialización.

El **motivo por el que se adquiere un producto** es el primer elemento que determina el comportamiento del consumidor. Estos se pueden clasificar de la siguiente forma:

- **Motivos primarios:** son las necesidades elementales del individuo.
- **Motivos selectivos:** responden a los deseos de las personas.
- **Motivos emocionales:** responden principalmente a la satisfacción de los sentidos.
- **Motivos económicos o racionales:** pueden ser el ahorro, la facilidad de uso, la utilidad, la calidad del servicio, etc.

Lo que hace que el consumidor tenga un comportamiento u otro en muchos casos está en variables culturales, otras en aspectos sociales, también podemos encontrar la respuesta en factores personales y psicológicos. Pues bien, todos estos factores se pueden agrupar en una serie de categorías:

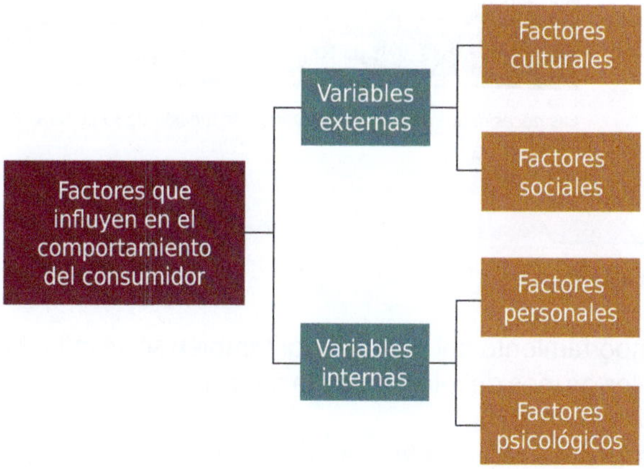

Factores culturales

Son los **factores que más influyen en el consumidor,** y condicionan considerablemente los comportamientos de compra. Estos se clasifican en:

- **Cultura:** los deseos y comportamientos de una persona dependen de su cultura, por tanto es necesario que el comerciante conozca la cultura de sus clientes, así le será más sencillo vender sus productos.
- **Clase social:** cada clase social presenta preferencias por distintos tipos de productos y marcas, por tanto las empresas deben conocer a qué clase social venden sus productos, de esta forma conocerán más y mejor a sus clientes.

Las necesidades de los clientes varían en función de su cultura.

Factores sociales

El comportamiento del consumidor también se ve influenciado por factores como los grupos de referencia y la familia:

- **Grupos de referencia:** son los grupos que influencian al consumidor, dentro de estos, cabe destacar:
  - Grupos de influencia directa: amigos o compañeros de trabajo. En muchos aspectos, nos comportamos igual que nuestros amigos.
  - Grupos de influencia indirecta: son los llamados grupos de aspiración, esto es, los grupos a los que el individuo no pertenece, pero le gustaría pertenecer.

- **Familia:** durante años este ha sido el grupo de referencia por excelencia. En función del tipo de producto a adquirir la familia cobra más o menos importancia.

Factores personales

Tienen un grado de importancia menor, aunque las decisiones de compra también se encuentran influenciadas por factores de carácter personal, entre estos, destacan:

Edad	Ocupación	Estilo de vida
- A medida que los individuos van creciendo van cambiando sus necesidades y por tanto sus hábitos de consumo	- La ocupación es fundamental en determinadas empresas a la hora de ofertar sus productos	- Influye en las actividades que realizan las personas y en sus opiniones

Factores psicológicos

Hacen referencia al comportamiento, la manera de actuar e interpretar situaciones, los sentimientos y la filosofía de vida. Dentro de estos factores se contemplan los siguientes elementos:

- **Motivación:** un motivo es una necesidad lo suficientemente intensa como para impulsar al individuo a la búsqueda de esa satisfacción.
- **Percepción:** dos personas con el mismo grado de motivación pueden actuar de distinta forma en función de la percepción que tengan de una situación. El vendedor y la imagen del producto puede hacer mucho en la percepción y, por tanto, en la opinión y valoración que un consumidor pueda tener de un producto.
- **Creencias y actitudes:** la creencia es el pensamiento que una persona tiene acerca de algo, la actitud es una evaluación que la persona hace de un objeto o una idea. En función de las creencias que se tengan, se tendrán actitudes positivas o negativas hacia algo.

En función de los factores citados anteriormente, el consumidor puede presentar diferentes **comportamientos de compra:**

- **Comportamiento complejo de compra:** se da cuando el consumidor se implica mucho en la compra. Se trata de procesos largos, pues es una compra muy meditada, los precios suelen ser altos.
  Como ejemplo, está el caso de la compra de un coche. Aquí el consumidor se implica mucho en el proceso, busca, compara ofertas, etc.
- **Comportamiento habitual de compra:** se trata de compras habituales para el consumidor. Son artículos de alto consumo con precios medios, el consumidor compara pero el proceso es rápido. Como por ejemplo, la compra de productos para el hogar (alimentación, limpieza, etc.), la compra de ropa, complementos, etc.
- **Comportamiento de búsqueda variada:** se da cuando el consumidor adquiere productos con diferentes atributos cada vez que realiza la compra. El precio no es relevante.
  La compra de galletas, ambientadores, yogures, dulces, etc., responde a este comportamiento de compra.
- **Comportamiento reductor de disonancia:** se puede ver en productos caros en los que el consumidor no suele comparar mucho antes de realizar una compra. Se da en clientes fidelizados a una marca. Por ejemplo, en la compra de un aparato de televisión, puede haber clientes que siempre compren la misma marca con independencia de que otra ofrezca las mismas prestaciones a menor precio.

5.4. El proceso de decisión de compra

Antes de decidirse a adquirir un determinado producto, el consumidor realiza una serie de actividades, que definen las **distintas fases del proceso de decisión de compra:**

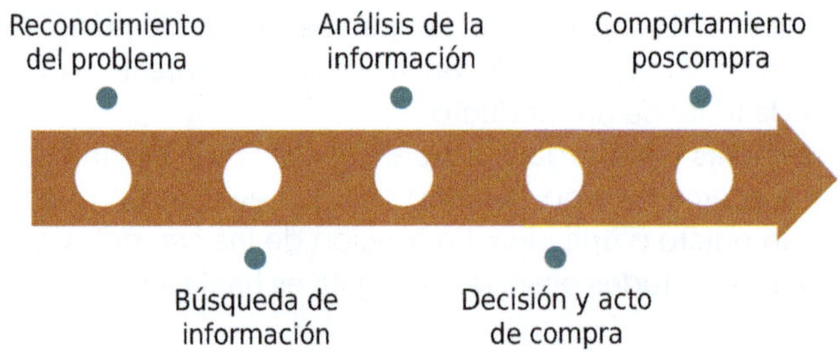

Reconocimiento del problema

El proceso de decisión de compra se inicia cuando el consumidor detecta que necesita un producto o servicio para poder satisfacer una necesidad que hasta el momento no tenía.

EJEMPLO

Un señor acude a una consulta médica por encontrarse cansado y fatigado, y el doctor le recomienda hacer ejercicio continuado (concretamente natación).

Cuando el paciente acude a un centro para recibir clases de mantenimiento de natación, se informa de que es necesario saltar a la piscina con gorro y gafas (al margen, obviamente, de bañador). Pues bien, si este señor nunca ha tenido gorro de baño es ahora cuando le surge la necesidad y, por tanto, comienza el proceso de compra.

Búsqueda de información

Es en este punto donde empieza a jugar un papel importante la actividad comercial y el trabajo del dependiente del comercio, cuya labor es dar a conocer esa información al cliente. El coste del producto que se está analizando determinará en gran medida la duración del proceso.

Análisis de la información

En esta fase el consumidor trata de valorar las opciones que vio en la fase anterior, basándose en los atributos del producto o servicio. El comercial debe proporcionar información al cliente, basándose en estos atributos, comparándolos con la competencia cuando proceda.

Decisión y acto de compra

Una vez el comprador estudia las diferentes opciones y se decanta por la que se adapta mejor a sus expectativas, se produce la compra.

Comportamiento poscompra

El proceso de compra no finaliza con la adquisición del producto, sino que es necesario conocer qué hace el cliente con el producto adquirido. Esta información es muy útil, pues permite a las empresas conocer mejor los hábitos de sus clientes.

Como se ha visto, el proceso de compra **no finaliza con la adquisición del producto,** esto es un aspecto muy importante a tener en cuenta, ya que conocer el comportamiento tras la compra permitirá a la empresa adaptarse mejor a las necesidades e intereses de los clientes.

Por lo tanto, también hay que tener en cuenta las actividades del cliente tras la compra y no restar importancia a esta fase.

5.5. Comportamiento del vendedor y consumidor en el punto de venta: perfiles y motivaciones

Cada vendedor suele tener un **perfil propio,** que se adapte a las particularidades de su mercado objetivo y a las características de sus productos o servicios.

Sin embargo, existen **cualidades generales** que sirven de base para la elaboración de perfiles más específicos.

El vendedor debe tener una actitud positiva y conocer bien la empresa y el producto, además de manejar muy bien las técnicas profesionales de venta. De este modo podrá cerrar los acuerdos de venta más fácilmente, ya que podrá responder con seguridad y rapidez a las preguntas de los clientes.

SABÍAS QUE...

El 70 % de las decisiones de compra se hacen en el punto de venta, según los expertos. De ahí, la importancia de saber qué hace al consumidor decantarse por una u otra marca.

Su comportamiento no puede ser pasivo, ya que necesita prestar el mejor servicio posible a los clientes sin olvidar los intereses organizacionales.

En definitiva el comportamiento del consumidor y la **elección concreta del producto** puede explicarse mediante **cuatro tipos de causas:**

- **Causas racionales:** el consumidor compara la satisfacción que le pueden proporcionar diversos productos, los ordena y, según el grado de utilidad, realiza la elección óptima.
- **Causas de costumbre:** el consumidor decide de acuerdo con sus hábitos, adquiridos por aprendizaje, sea este mediante estímulo-respuesta o mediante el método ensayo-error. En cualquier caso, una vez realizado el proceso de aprendizaje, la elección del producto se convierte en un hábito que se repite automáticamente.
- **Causas instintivas:** el consumidor actúa inconscientemente, valorando un entramado propio de intereses, intenciones, deseos y creencias, y selecciona aquello que le produce una mayor sensación placentera.
- **Causas sociales:** el consumidor acepta la influencia de otros individuos que forman parte de su comunidad.

Así, el vendedor deberá tener el perfil y las cualidades adecuadas que le permitan facilitar al consumidor el proceso de toma de decisiones. Para ello, debe conocer estas causas y hacer referencia a determinados aspectos de las mismas, impulsando un tipo de comportamiento determinado en el consumidor.

5.6. Observación y clasificación del cliente

En primer lugar y, en un sentido general, una empresa u organización tiene **dos tipos de clientes, los actuales y los potenciales.**

No obstante, dentro de esta clasificación se puede realizar una clasificación más amplia, atendiendo a distintos criterios. En el siguiente esquema se muestra una **clasificación de los distintos tipos de clientes:**

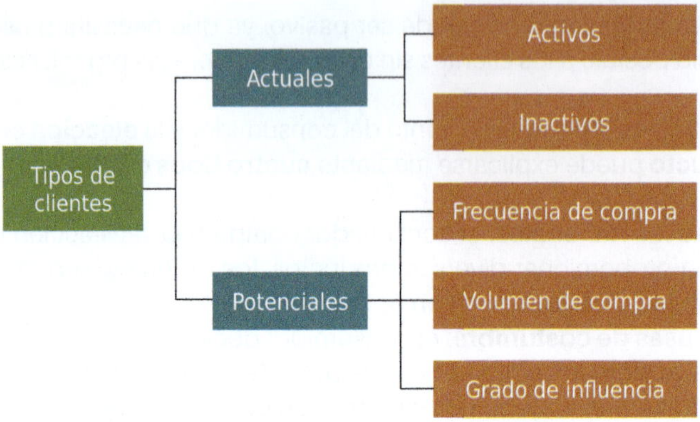

Clientes actuales

Los clientes actuales son aquellos que realizan compras de forma periódica o que lo hicieron en una fecha reciente, son los clientes que **generan la corriente actual de ingresos de la empresa.** Estos se clasifican en activos e inactivos.

Clientes activos

Clientes que en la actualidad están realizando compras, requieren una **atención especial para retenerlos,** estos se pueden clasificar a su vez en función de su frecuencia o volumen de compra, su grado de satisfacción o su grado de influencia.

Según su frecuencia de compra

Se pueden clasificar en:

- **Clientes de compra frecuente:** efectúan compras repetidas regularmente, o cuyo intervalo de tiempo entre compras es inferior al del grueso de clientes. Es fundamental no descuidar las relaciones con ellos y darles continuamente un servicio personalizado.
- **Clientes de compra habitual:** realizan compras con cierta asiduidad porque están satisfechos con la empresa, el producto y el servicio. Hay que brindarles una atención esmerada para incrementar su nivel de satisfacción y así su frecuencia de compra.

- **Clientes de compra ocasional:** realizan compras de vez en cuando o una única vez. Para determinar por qué se produce esa reacción es aconsejable investigar el motivo de su alejamiento para remediar la situación.

Según volumen de compra

Se pueden clasificar en:

- **Volumen de compras alto:** su participación en las compras está entre el 50 % y 80 %; es fundamental retenerlos personalizando su trato para que se sientan importantes y valiosos para la empresa.
- **Volumen de compras medio:** su promedio de compras está dentro de lo general; se debe investigar su capacidad de compra y pago para determinar si vale la pena o no cultivarlos y que se conviertan en clientes con alto volumen de compras.
- **Volumen de compras bajo:** clientes cuyo volumen de compras está por debajo del promedio, por lo general son clientes de compra ocasional.

Según su satisfacción

Se pueden clasificar en:

- **Clientes complacidos:** son aquellos que percibieron que el desempeño de la empresa, el producto y el servicio han excedido sus expectativas.
- **Clientes satisfechos:** son aquellos que percibieron el desempeño de la empresa, el producto y el servicio como coincidente con sus expectativas. Este tipo de clientes no está por la labor de cambiar de marca, pero puede hacerlo si encuentra otro proveedor que le ofrezca una oferta mejor.
- **Clientes insatisfechos:** son aquellos que percibieron el desempeño de la empresa, el producto y/o el servicio por debajo de sus expectativas. Por tanto, no quieren repetir esa experiencia desagradable y optan por otro proveedor.

NOTA

Según Philip Kotler, economista y especialista en ***marketing,*** el estar complacido genera una afinidad emocional con la marca, no solo una preferencia racional, y esto da lugar a una gran lealtad de los consumidores.

Según su influencia

Se pueden clasificar en:

- **Clientes altamente influyentes:** producen una percepción positiva o negativa sobre un gran número de personas. Es conveniente mantenerlos como clientes de la empresa, aunque a veces hay que hacer grandes desembolsos para que recomienden el producto.
- Como ejemplo, se pueden mencionar las estrellas de cine, deportistas famosos, empresarios de renombre y personalidades que han logrado algún tipo de reconocimiento especial.
- **Clientes medianamente influyentes:** ejercen influencia sobre grupos más reducidos, por lo general es más sencillo y menos costoso que recomienden el producto.
- **Clientes de influencia a nivel familiar:** influyen en su entorno de familiares y amigos. Para lograr su recomendación, basta con tenerlos satisfechos con el producto o servicio que se les ofrece.

Clientes inactivos

Clientes que por alguna razón ya no compran a la empresa, requiere que se estudien las causas de su alejamiento para intentar recuperarlos.

APLICACIÓN PRÁCTICA

Andrés es gerente de una tienda especializada en ropa para hombre. Pedro es un cliente habitual que hasta ahora no se ha planteado acudir a la competencia para realizar sus compras, aunque no lo descartaría

Continúa en página siguiente >>

<< Viene de página anterior

si encontrara alguna oferta mejor. El trato que recibe por parte de los vendedores coincide con sus expectativas.

Identifica qué tipo de cliente es Pedro.

Solución

Pedro es un cliente satisfecho, ya que el trato que recibe por parte de los vendedores coincide con sus expectativas y, aunque no se ha planteado ir a la competencia, es importante prestarle atención para que esta situación no cambie. Si se quiere elevar el nivel de satisfacción del **cliente satisfecho** se deben planificar e implementar servicios especiales que puedan ser percibidos por ellos como un plus que no esperaban recibir.

Clientes potenciales

Son aquellos que no realizan compras a la empresa en la actualidad, pero cumplen el perfil para que puedan hacerlas; son visualizados como posibles clientes de futuro. Estos pueden clasificarse:

Según su posible frecuencia de compra	Según su posible volumen de compra	Según su grado de influencia
- Se identifican mediante una investigación de mercados que permite determinar su posible frecuencia de compras en el caso de que se conviertan en clientes actuales.	- Se identifican mediante una investigación de mercado, permite identificar sus posibles volúmenes de compra en caso de que se conviertan en clientes actuales.	- Se identifican mediante una investigación de mercado que permite identificar a las personas que ejercen influencia en el público objetivo y a sus líderes de opinión, a los cuales convendría convertirlos en clientes actuales para que ejerzan de clientes influyentes en un futuro cercano.

APLICACIÓN PRÁCTICA

Ramón es dueño de un pequeño autoservicio. Juana es clienta que acude al menos una vez a la semana a su comercio para hacer la compra, ya que está muy contenta con el servicio de Ramón y piensa que sus precios son realmente competitivos.

Desde el punto de vista del cliente, ¿cómo clasificarías a Juana?

Solución

Juana es una clienta actual, de compra frecuente, ya que realiza compras repetidas de forma regular. Es fundamental no descuidar las relaciones con este tipo de clientes y ofrecerles continuamente un trato personalizado.

TAREA 3

Ecogades es un supermercado que se dedica a la comercialización de alimentos ecológicos que distribuye a través de su tienda *online*. La mayoría de sus productos van dirigidos a un segmento de la población que se corresponde con personas concienciadas con el respeto al medioambiente con unos ingresos medios.

Identifica cuáles son las variables que intervienen en el comportamiento y motivaciones de los clientes que realizan la compra en este supermercado, explicando de qué forma les influyen.

6. Análisis del producto/servicio

HILO CONDUCTOR

El grupo empresarial LIMPISA comercializa una amplia gama de maquinaria de limpieza para grandes y pequeñas instalaciones, además de productos de limpieza, desinfectantes, etc.

Para cada uno de estos productos, la empresa deberá conocer sus características técnicas, precio de venta, cuota de mercado, etc., ya que de esta información depende el funcionamiento correcto de cada una de las líneas de negocio de la empresa.

Para dar a conocer un producto o servicio, es fundamental **analizar sus características,** así como su aplicación en el entorno del mercado.

Por ello, a continuación se verán detenidamente los siguientes aspectos:

- Tipos de productos
- Atributos y características
- Características según el CVP
- Formas de presentación
- Condiciones de utilización
- Precio
- Marca
- Publicidad

6.1. Tipos de productos, según el punto de venta y establecimiento

Los productos pueden clasificarse en diferentes tipos, dependiendo de las características de los mismos. A continuación, se realizará una clasificación de los mismos atendiendo a si son **bienes industriales o de consumo.**

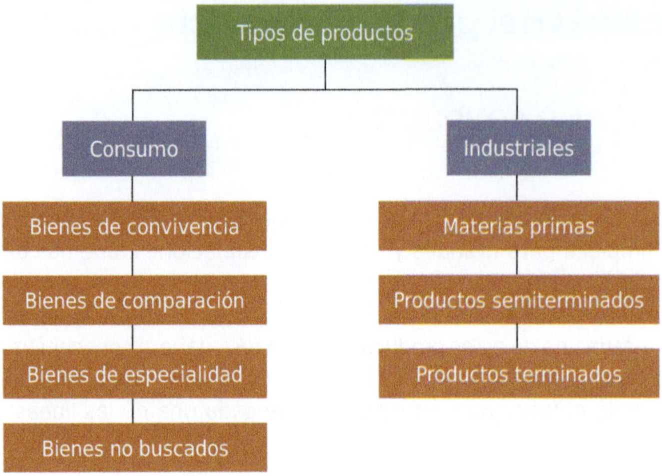

Bienes de consumo

Son aquellos bienes y/o servicios que están dirigidos al consumidor final. El **consumidor final** es la persona que se dirige al punto de venta (tienda, supermercado, centro comercial, etc.) y obtiene un producto o servicio. A continuación, se analizan los tipos de bienes de consumo:

- Bienes de convivencia: es aquel producto que el consumidor conoce bastante bien antes de ir a comprarlo. Se caracterizan porque el consumidor "no presta atención" a la compra de estos productos. Es decir, adquiere el bien o servicio con un esfuerzo mínimo, en el sentido de que **no busca ni compara demasiado** a la hora de comprar un producto de este tipo. Por ejemplo, productos de primera necesidad: leche, carne, fruta, verdura, etc.
- Bienes de comparación: son aquellos productos que el consumidor compara con otros productos parecidos antes de adquirirlos. Por ejemplo, ropa de moda, un mueble o un frigorífico. **Los precios suelen ser altos y el consumidor compara** precios, calidad, garantía, etc. Por ejemplo, un microondas que tenga un precio parecido al de un competidor puede que sea el producto elegido por un consumidor porque tiene una garantía de cuatro años, mientras que la competencia ofrece la garantía mínima establecida por ley (24 meses).
- Bienes de especialidad: los bienes de especialidad son aquellos productos por los que el consumidor está dispuesto a realizar un gran esfuerzo para su adquisición. Se trata de **productos de un alto valor,** que el consumidor desea adquirir aun renunciando a determinadas comodidades. Por ejemplo, un automóvil.

- Bienes no buscados: un bien no buscado es aquel tipo de producto que el consumidor **todavía no conoce,** o que conociéndolo, no piensa en adquirirlo. Por ejemplo, algo tétrico pero que ilustra perfectamente lo expuesto, un ataúd.

Bienes industriales

Son aquellos bienes y/o servicios que están dirigidos al **mercado industrial.** El mercado industrial es aquel cuyos clientes son empresas. Por ejemplo, una empresa que se dedica a fabricar mesas de madera necesita madera para poder cortar y hacer la mesa, el lugar donde se vende esta madera es el mercado industrial (puesto que es una industria o empresa la que adquiere un producto a otra industria o empresa).

A continuación, se analizan los tipos de bienes industriales:

- **Materias primas:** una materia prima es todo bien tangible que se **somete a un proceso de transformación o producción.** Por ejemplo, la madera para fabricar un armario.
- **Producto semiterminado o semielaborado:** un producto semiterminado o semielaborado es un **componente del producto final.** Se caracterizan porque no son una materia prima y tampoco un producto final. Por ejemplo, las puertas que posteriormente debemos añadir al armario.
- **Producto terminado (final):** desde el punto de vista de bienes industriales, se distinguen los siguientes tipos de productos terminados o finales:

    - Componentes: se trata de productos terminados que unidos a otros productos van a formar otro producto final. Por ejemplo, el monitor de un ordenador.
    - Recambios (repuestos): son los productos terminados que se añaden a otro producto sin que sufran transformaciones. Por ejemplo, las bujías de un automóvil son recambios.

APLICACIÓN PRÁCTICA

Antonio se quiere independizar y lleva bastante tiempo buscando una casa, la decisión se lleva alargando mucho tiempo porque aún no ha encontrado una que se ajuste a sus necesidades.

Continúa en página siguiente >>

<< Viene de página anterior

¿De qué tipo de bien se está hablando en este caso?

Solución

En este caso se está hablando de **bienes de especialidad,** ya que se trata de un producto por el que el consumidor está dispuesto a realizar un elevado esfuerzo monetario para su adquisición.

El plan portafolio

En un portafolio de productos se pueden **clasificar los productos según su popularidad** en el mercado.

Una herramienta muy útil para realizar esta clasificación es la **matriz *Boston Consulting Group,*** en la que se clasifican los productos atendiendo a una serie de variables.

Matriz *Boston Consulting Group*

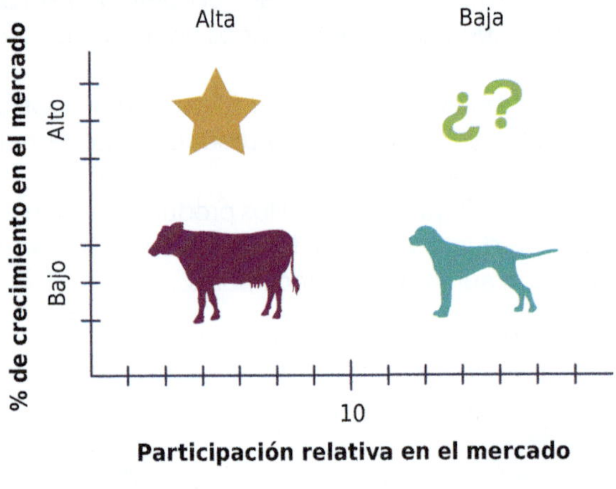

El hecho de que un producto se encuadre en una u otra categoría depende de una serie de variables. Como se puede observar, en la matriz se presentan cuatro cuadrantes, haciendo referencia cada uno de ellos a una categoría de productos:

- **Productos estrella:** es lo ideal y lo deseado, productos con un crecimiento y una alta cuota de mercado.
- **Productos signos de interrogación:** son productos de alto crecimiento y baja cuota de mercado, necesitan de una atención especial porque si su crecimiento sigue subiendo sin un respectivo aumento de la cuota de mercado pueden desaparecer.
- **Productos vaca lechera:** son productos importantes para la empresa, ya que generan mucha liquidez, tienen una importante cuota de mercado, pero el mercado experimenta un bajo crecimiento.
- **Productos perro:** son productos que se sitúan en mercados con bajo crecimiento y tienen una baja cuota de mercado, la empresa debe intentar mejorarlos o eliminarlos de la gama.

6.2. Atributos y características de productos o servicios: características técnicas, comerciales y psicológicas

Tanto los productos como los servicios tienen como **finalidad satisfacer una necesidad de los consumidores,** aunque existen algunas diferencias entre ellos.

Los productos son bienes que se fabrican en instalaciones a las cuales el público no tiene acceso, adquiriendo forma tangible para su almacenamiento y posterior distribución. Su compra implica la posesión indefinida y la utilización a voluntad, pudiendo almacenarlos para posteriores usos.

En cambio, los servicios son intangibles y perecederos. Los clientes habitualmente se desplazan al lugar donde prestan esos servicios y su compra solo da el derecho de uso temporal en un tiempo y lugar determinados.

Los **atributos** son las características que tiene el producto o servicio en cuanto a su venta o comercialización. Estos atributos pueden ser:

- **Atributos físicos:** se pueden percibir por los sentidos y forman parte de la naturaleza del producto como son la composición, cualidades organolépticas, etc.
- **Atributos funcionales:** son añadidos y pueden modificarse. Como por ejemplo:

    - Color, sabor y olor
    - Surtido
    - Tamaño, envase y embalaje

- El etiquetado
- El diseño

- **Atributos psicológicos:** dependen de cómo son percibidos por el consumidor, los más importantes son la calidad y el nombre o marca. Estos atributos son puramente de *marketing* y se incorporan para su comercialización. En el caso de los servicios es fundamental aclarar cuál es la necesidad que satisfacen y los servicios que aportan. Por ejemplo:
  - Regalar al cliente artículos de *merchandising* con publicidad de la empresa.
  - Incluir certificaciones de gestión de la calidad y respeto al medioambiente.
  - Ofrecer una sala de espera cómoda, con revistas, catálogos, etc.
  - Ubicar la prestación en oficinas modernas de diseño, con sillones cómodos, etc.

ACTIVIDAD COMPLEMENTARIA

1. Tras observar el contenido de la siguiente tabla, determina con qué tipo de atributo o característica relacionarías la información contenida en la misma.

	Motor estándar	**Motor de alta eficiencia**
Eficiencia	84,0 %	89,5 %
Potencia de salida	3,73 kW	3,73 kW
Potencia de entrada	4,44 kW	4,17 kW
Pérdida de carga del 100 %	0,71 kW	0,44 kW
Ahorros de energía		0,27 kW
Costo mayor del motor		$94.80
Ahorro de energía a una carga del 100 %		$1,080 kWh por año
Ahorro en dólares a $0.0553 por kWh(*) Recuperación		$59.72 por año 1 año 7 meses

Fuente: Copper Development Associación Inc. (Asociación de Desarrollo del Cobre). Publicación de PROCOBRE - Perú. (*) Precio medio del Sector Industrial a Diciembre de 1998. Fuente: Bolotín N.º 1, Noviembre 1999, Dirección General de Electricidad.

6.3. Características del producto según el CVP (Ciclo de Vida del Producto)

El ciclo de vida del producto es el **proceso cronológico** que transcurre desde el nacimiento o lanzamiento del producto al mercado hasta su muerte o desaparición.

Es un proceso muy importante a tener en cuenta en su comercialización debido a que el comportamiento del mercado, la situación de la competencia y el entorno cambian a lo largo del tiempo, y estos cambios **condicionan el diseño y afectan a la estrategia de *marketing*.**

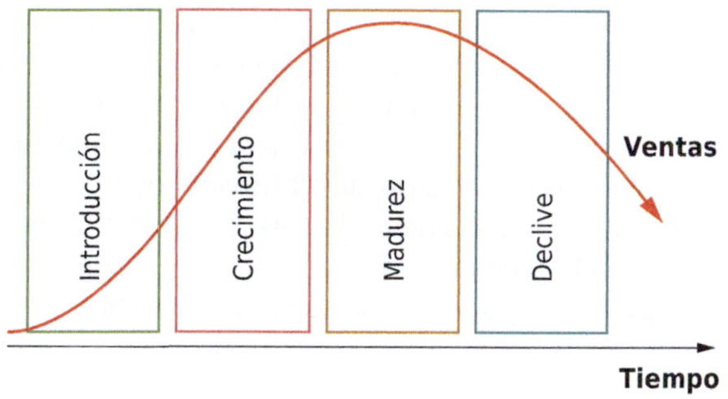

Durante el ciclo de vida pasa por una serie de **fases,** en las que la situación del mismo en el mercado varía.

Fase de introducción o de desarrollo del mercado

Se trata del inicio del ciclo de vida del producto. Se empieza a distribuir el producto por primera vez y ya está disponible para su compra. Las ventas comienzan y crecen muy lentamente. Los **beneficios son inexistentes** en casi toda esta fase. El momento en el que empiezan a producirse suele coincidir con el final de esta etapa.

La **duración de esta fase** depende de la complejidad del producto, del grado de novedad, del mayor o menor ajuste a las necesidades del consumidor y de la presencia o no de sustitutivos competitivos. Un producto complejo tendrá un proceso de adopción más amplio, como ya se ha expuesto anteriormente, lo que dará lugar a que las ventas tarden más en producirse por el aprendizaje requerido en el manejo del producto. Este hecho tenderá a prolongar la duración de la etapa de desarrollo del mercado y, por consiguiente, a elevar el riesgo de fracaso.

La **duración de la introducción del producto** también será más extendida cuanto mayor sea la novedad del producto, menor la influencia de la moda y más elevado sea el número de personas que intervienen en la decisión de compra. Los competidores suelen ser pocos o inexistentes. Se ofrecen versiones básicas del producto, que adquieren los consumidores más innovadores, a un precio generalmente alto. La promoción es intensa y se apela a los primeros adoptadores del producto.

Fase de crecimiento

Las ventas aumentan rápidamente. Es la etapa del despegue del producto. Los beneficios crecen rápidamente y llegan a su punto más alto al término de esta etapa. La competencia, atraída por las oportunidades de negocio, se intensifica en esta fase. En consecuencia, aumentan los puntos de venta y se abren nuevos canales de distribución. Los primeros adoptadores del producto continúan adquiriéndolo y llevan a cabo un **proceso de difusión** que atrae a la primera mayoría de compradores. Aumenta el número de versiones del producto y se mejoran sus prestaciones.

En esta fase se experimenta un rápido crecimiento en las ventas.

El **precio,** aunque todavía es alto, **empieza a bajar.** La inversión en promoción sigue siendo alta y se apela a la mayoría del mercado. Se persigue la creación de una preferencia de marca que asegure las compras de repetición.

Fase de madurez

Se nivela la demanda. Las ventas dejan de crecer y llega un momento en el que empiezan a descender. La **demanda solo se produce por reposiciones** del producto y por la creación de nuevas familias entre los consumidores. Los **beneficios empiezan a disminuir,** las existencias aumentan, la capacidad de producción sobrepasa la demanda y empiezan a desaparecer los competidores menos fuertes. Es la **más larga del ciclo de vida** y la mayoría de los productos en el mercado se encuentran en esta etapa.

Su **duración** puede alargarse todavía más si se llevan a cabo estrategias de mejora del producto o de búsqueda de nuevos usos para el mismo y atracción de nuevos usuarios.

La **competencia en precios** se vuelve muy aguda en la fase de madurez y se produce una bajada continua de los mismos. Las diferencias entre los productos son cada vez más sutiles, con más servicios asociados al producto.

La **inversión en publicidad** empieza a disminuir y la estrategia de la misma se centra en la diferenciación de los competidores y la preservación de la lealtad de marca.

Fase de declive

Las ventas disminuyen notablemente y los **beneficios tienden a desaparecer.** La producción se concentra en pocas empresas, que ofrecen una variedad menor de productos. La industria se reduce. Los **precios se estabilizan** e incluso pueden llegar a aumentar, en cuanto disminuya más la oferta, por la desaparición de competidores. La **disminución de las ventas** puede ser debida a varias razones (tecnología, cambios en los gustos, etc.). Podemos tomar la **decisión** de retirar definitivamente el producto del mercado o, por el contrario, de mantenerlo durante más tiempo, dependerá de las posibilidades de sustitución por otro más rentable, de rediseñarlo, etc.

IMPORTANTE

En la fase de declive el empresario puede optar por retirar el producto del mercado o rediseñarlo para volver a atraer la atención de los consumidores.

6.4. Formas de presentación: envase y empaquetado

En el concepto comercial de producto juegan un papel muy importante el **envasado, el empaque y el embalaje** del producto por las funciones que cada uno desempeña en la política de *marketing* de la empresa.

A continuación, se explican los conceptos referidos anteriormente:

- **Envasado:** es el procedimiento por el cual una mercancía se envasa para su transporte o venta. Comprende tanto la producción del envase como la envoltura para un producto.
- **Empaquetado:** incluye las actividades de diseñar y producir el recipiente para la envoltura de un producto. Su objetivo principal es proteger el producto, el envase o ambos, y ser el objeto que promueva el producto dentro del canal de distribución.
- **Embalaje:** son todos los materiales, procedimientos y métodos que sirven para acondicionar, presentar, manipular, almacenar, conservar y transportar una mercancía. Debe cumplir tres requisitos: **ser resistente, proteger y conservar la mercancía.**

Envasado, empaquetado y embalaje de mercancía

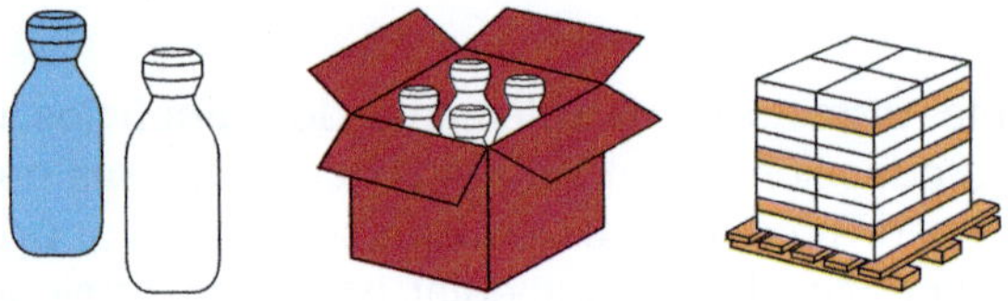

DEFINICIÓN

Envase
Es el soporte físico del producto, es decir, el recipiente o envoltura del producto.

De cara al consumidor, el envase es un elemento muy importante a la hora de analizar las características del producto, ya que en la práctica comercial, una vez implantados los productos en el punto de venta, la mayoría de estos están colocados en una estantería y el cliente accede a ellos directamente.

Por tanto, el envase no solo envuelve el producto, sino que además sirve como reclamo publicitario para atraer la atención del cliente.

Es lo primero que ve y toca el cliente del producto, e incluso puede llegar a ser **parte definitoria del mismo.**

Algunas **funciones del envase** a destacar son:

- Proteger el producto: los envases de determinados vinos son de cristal oscuro, de esta forma impiden que la luz estropee estas preciadas bebidas.
- Facilitar el transporte del producto: envases con asas o agarraderas.
- Facilitar el uso del producto: de ahí, por ejemplo, los botellines de bebidas que se abren sin necesidad de utilizar un abridor (con un simple giro) o los abrefácil de algunas conservas.
- Conservar el producto: fíjese en el interior de algunas bolsas de patatas fritas: son de papel de aluminio que, entre otras funciones, tiene como misión conservar fresco el contenido.
- Información sobre el producto: hay envases que son auténticas fuentes de información sobre el producto. Es muy habitual encontrarnos con productos en cuya etiqueta aparecen los componentes, instrucciones de uso, modo de empleo, cualidades, etc. Observe, por ejemplo, la cantidad de información que se puede encontrar en un sobre de sopa (modo de empleo, composición, recetas de cocina y fotografías).

6.5. Condiciones de utilización

Las condiciones de uso de cada producto deben detallarse en el envase del producto o anexo en forma de documento, ya que cada fabricante recomendará las condiciones de uso óptimas para sacar el mayor beneficio posible al producto adquirido.

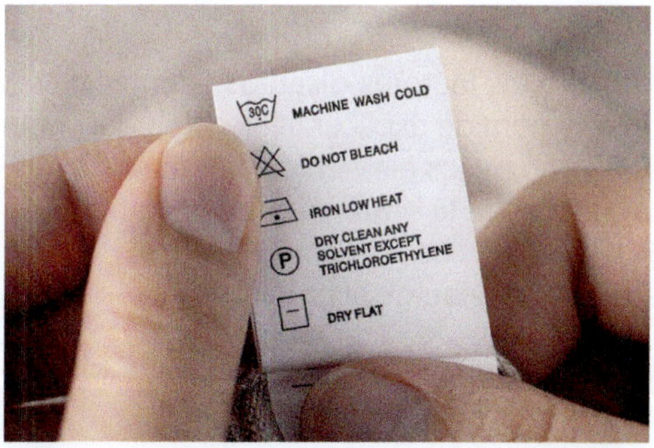

El incumplimiento de las instrucciones de manipulación del fabricante puede llevar a la pérdida de la garantía.

PARA SABER MÁS

Accede al siguiente enlace en el que podrás observar un ejemplo en el que se muestran las condiciones de uso de un producto:

https://redirectoronline.com/uf00310103

6.6. Precio. Comparaciones

A lo largo de la historia, el precio ha representado un papel importante en la elección de los consumidores y estos se han fijado a través de un proceso de negociación entre vendedores y compradores.

DEFINICIÓN

Precio
Valor monetario que se le asigna a un bien o servicio.

En las últimas décadas, ciertos factores distintos del precio se han convertido en determinantes a la hora de explicar la elección del comprador, aunque es aún considerado uno de los elementos más importantes que **condicionan la cuota de mercado de la empresa y su rentabilidad.**

Existe una amplia variedad en relación al precio:

- **Precio base:** también se denomina precio de coste, es el coste de producción unitario del producto.
- **Precio de lista:** precio de los productos en el punto de venta, antes de descuentos u otros tipos de deducciones.
- **Precio esperado:** precio de un determinado producto según la valoración consciente o inconsciente del consumidor. Es lo que se denomina "relación coste-valor".
- **Precios altos:** estrategia de *marketing* consistente en agregar a una línea de productos ya existentes un producto nuevo de precio más elevado y mucho prestigio, con la finalidad de ofrecerlo a otros segmentos del mercado que pueden ser muy rentables.
- **Precios bajos:** consiste en agregar a una línea de productos ya existentes y de gran prestigio, un producto nuevo con un precio menor para segmentar el mercado hacia grupos socioeconómicos con un nivel menor de ingresos. Con esta estrategia se espera que los productos de precios más altos ayuden a vender los de precios más bajos.
- **Precios simbólicos:** precios que no se rigen por la ley de la oferta y la demanda, se fijan con el fin de transmitir una idea determinada sobre un producto.
- **Precios de estabilización:** estrategia que permite estabilizar los precios de una determinada industria, suele ser iniciativa de la empresa líder en precios. En ocasiones, se fija la pauta para evitar una posible guerra de precios que afectaría a los competidores y al mercado.
- **Precios de penetración:** estrategia consistente en fijar un precio inicial bajo con la finalidad de facilitar la penetración rápida del producto en el mercado.
- **Precios unitarios:** método que consiste en establecer un precio en relación con alguna medida conocida universalmente, generalmente kilo o litro, de modo que ayude al cliente en el momento de la compra.

ACTIVIDAD COMPLEMENTARIA

2. Reflexiona sobre el siguiente caso:
   Una conocida empresa multinacional va a lanzar al mercado un producto novedoso, gracias a sus campañas de publicidad y promoción, su producto ha generado grandes expectativas en el mercado, consiguiendo que haya un gran número de consumidores ansiosos por adquirirlo.
   ¿Qué estrategia de fijación de precios utilizarías para el lanzamiento del producto al que se hace referencia?

6.7. La marca

La marca es un **nombre, símbolo, término** o **diseño,** o una combinación de ellos que trata de identificar los bienes o servicios de un vendedor o grupo de vendedores y diferenciarlos de sus competidores.

Se pueden distinguir varios **tipos de marcas** atendiendo a diversos factores:

- Según las características del nombre:
  - Palabra sin ningún significado (Kodak).
  - Palabra corriente, no conectada con el producto (Camel).
  - Palabra cuyo significado sugiere un beneficio del producto (Panrico).
  - Palabra que sugiere lo que el producto ofrece (El Periódico).
  - Palabra extranjera (Palace).
  - Nombre del fundador de la empresa (Ford).
  - Nombre de personaje famoso actual (Only by Julio Iglesias).
  - Nombre de literatura o mitología (Cervantes, Júpiter).
  - Número (Antena 3).
  - Siglas (SEAT).
  - Acrónimo (Renfe).
  - Nombre compuesto (El Corte Inglés).
  - Nombres derivados de uno básico (Nescafé).
- Según las partes componentes de la marca:
  - La marca es básicamente el nombre (Sony).
  - La marca es una combinación de nombre y símbolos.
  - La marca incluye un eslogan.
- Según la cobertura y alcance:
  - De uno, varios o todos los productos de la misma empresa.
  - De varios productos homogéneos, pero de distintas empresas, como es el caso de las marcas colectivas (amparan a asociaciones de fabricantes, comerciantes o prestadores de servicios) y marcas de garantía (signo o medio que certifica las características comunes como calidad, componentes, origen de los productos, etc.).
  - Específica del producto o actividades de la empresa.

La marca es un **elemento de protección legal.** Cuando las marcas se registran, solo pueden ser usadas por la empresa, para evitar así que los competidores se aprovechen de su prestigio.

El nombre de marca es de gran importancia, contribuye de forma positiva y negativa a la aceptación y venta del producto, ha de ser fácil de reconocer, pronunciar y recordar.

El valor de la marca

El valor de la marca es el **valor añadido** que esta proporciona al producto, tal y como lo percibe el consumidor. Quedará establecido en la medida en que pueda conocerse y medirse cuál es el tipo y grado de satisfacción que provoca en los consumidores y cómo afecta esta a sus respuestas.

El valor de la marca puede considerarse como el **conjunto de atributos que pueden hacer aumentar o disminuir su valor;** estos son:

- Lealtad de marca.
- Reconocimiento del nombre.
- Calidad percibida.
- Asociaciones de marca.
- Otros activos propiedad de la marca (patentes, etc.).

Ejemplo de marca consolidada: Apple

Estrategias de marca

Debido a las múltiples posibilidades de aplicación que ofrece la marca, puede ser utilizada como un elemento importante de la estrategia de *marketing*.

Existen distintas **alternativas para establecer las marcas** de los productos.

Marca única

Consiste en poner la **misma marca a todos los productos de la empresa,** aunque sean muy distintos entre sí. Es muy importante sobre todo si la imagen de la marca es positiva. Si se emplea en el lanzamiento de un nuevo producto, hablamos de extensión de marca, y en este caso el producto aparece en el mercado con un conocimiento y prestigios ya dados, que reduce los gastos de promoción. Sin embargo, si el nombre de la marca actual no añade valor al nuevo producto, o no hay relación, puede dar un resultado negativo.

Marcas múltiples

Es el caso contrario al anterior, puede aparecer por la fusión de dos empresas, manteniendo el nombre de los productos, que **puede dar lugar a una mejor segmentación del mercado,** pero a la vez también puede elevar los costes.

Segundas marcas

Pertenecen a empresas con otras marcas más importantes con el **objetivo de segmentar y ampliar el mercado,** alcanzando a otros segmentos distintos.

Alianzas de marca

Acuerdos entre marcas complementarias con el fin de **reforzar su imagen.** El *cobranding* es una forma de alianza de marca que consiste en la utilización simultánea de dos marcas distintas en un nuevo producto, buscando la obtención de un mayor valor e imagen de marca y de diferenciación. Puede ser una combinación entre productos de la misma empresa, o distinta.

Marcas del distribuidor

Conjunto formado por las **marcas privadas o comerciales** propiedad del distribuidor y por las **marcas de productos genéricos o marcas blancas.** Estos mismos productos pueden estar comercializados por el fabricante. La marca privada del distribuidor tiene como finalidad conseguir mayor control del mercado, posible lealtad de marca e incluso mejorar su imagen. Suelen ser estos productos genéricos, que ofrecen el producto sin los costes de promoción y publicidad que toda marca conlleva. El nombre puede ser el mismo que el distribuidor o distinto (para protegerse en caso de fracaso).

Marca vertical

Combinan una fuerte **identificación entre el producto y el concepto/ambiente de la tienda.** Estas marcas venden exclusivamente sus propios productos, que solo pueden encontrarse en sus tiendas.

RECUERDA

La marca es el modo principal de identificar un producto y diferenciarlo formalmente de los demás.

6.8. Publicidad

La publicidad es la forma destinada a difundir o **informar al público sobre un bien o servicio a través de los medios de comunicación.**

La finalidad general de la publicidad es **motivar al público hacia una acción de consumo,** aunque más concretamente, persigue los siguientes objetivos:

Persuadir	Informar	Recordar
- Tratar de cambiar la percepción del producto, del servicio o del establecimiento. - Animar a cambiar de marca o de establecimiento. - Persuadir al consumidor para que compre ahora. - Crear una preferencia de marca. - Incrementar la frecuencia de uso del producto, servicio, establecimiento, etc. - Atraer nuevos compradores.	- Dar a conocer y apoyar promociones de ventas, etc. - Crear una imagen de la empresa. - Informar sobre un cambio de características o de precio. - Sugerir nuevos usos para el producto. - Describir las características del producto, servicio, establecimiento, etc. - Comunicar la aparición de un nuevo producto, servicio, establecimiento, etc.	- Mantener el recuerdo del producto o servicio fuera de temporada, etc. - Recordar que el establecimiento puede visitarse en un futuro. - Recordar que el producto puede necesitarse en un futuro. - Recordar dónde se puede adquirir el producto. - Recordar la exigencia y ventajas del producto, servicio o del establecimiento. - Mantener una elevada notoriedad del producto o servicio.

Por otro lado, la publicidad puede ser de diferentes tipos:

- Publicidad de producto:
  - Acción indirecta: estímulo de largo plazo (busca una respuesta duradera en el tiempo).
  - Acción directa: busca una respuesta inmediata (promociones).
- Publicidad institucional:
  - Servicio público: resalta el compromiso de la empresa con la sociedad.
  - Servicio al consumidor: actividades encaminadas a satisfacer al cliente.

PARA SABER MÁS

Accede al siguiente enlace para ver una guía de publicidad en las redes sociales, en la que se analizan sus beneficios, así como diferentes metodologías, estrategias y técnicas a aplicar.

https://redirectoronline.com/uf00310104

7. Argumentario de ventas

El argumentario de ventas es una **herramienta de uso particular del vendedor,** que lo ayuda de forma determinante en la entrevista de ventas ante el cliente.

Para ello, el vendedor debe tener conocimiento sobre toda la información del producto que desea vender, apoyándose en el argumentario del fabricante, de esta manera el vendedor podrá realizar su selección de los argumentos de venta.

Así cuando un cliente se dirija a él, estará frente a un profesional que conoce el producto/servicio, lo que proporciona seguridad y confianza al cliente.

RECUERDA

Es esencial que el vendedor conozca en profundidad las características del producto que desea vender, de esta forma podrá resolver eficazmente las posibles dudas que se le presenten a los compradores potenciales.

7.1. Información del producto al profesional de la venta

Para construir un buen argumentario de ventas es necesario disponer de información que hay que suministrar al profesional de la venta de forma exhaustiva.

La información necesaria para realizar un buen argumentario de ventas es la siguiente:

- **Información sobre el producto,** es necesario que los vendedores conozcan en profundidad las características del producto o servicio que ofrece la empresa.
- **Información sobre la empresa,** se suministrará información relativa a los años que lleva operando en el mercado, el ámbito geográfico y su posición respecto a las empresas competidoras.
- **Información sobre el mercado,** necesaria para conocer quiénes son los clientes potenciales de la empresa.

Toda esta información permitirá, a partir de las características de nuestra oferta, construir un argumentario que recoja los beneficios más adecuados a las necesidades y motivaciones del público objetivo al que va dirigida nuestra oferta.

Por tanto el argumentario es una herramienta que el vendedor **solo podrá utilizar en el momento de la entrevista de ventas** después de conocer las necesidades, intereses y motivaciones del cliente, y su éxito depende en gran medida del conocimiento adquirido.

De entre los aspectos que se deben conocer de la clientela, destacan:

Elementos generales del cliente	Elementos específicos del cliente
- Edad media - Procedencia - Nivel socioeconómico	- Motivaciones - Intereses - Necesidades específicas

La forma más adecuada de elaborar un argumentario de ventas es **diseñar una ficha producto/servicio,** que incluya la información que asegure un óptimo conocimiento del producto para dirigirlo a un mercado concreto, y teniendo en cuenta los diferentes tipos de clientes que nos podemos encontrar.

Generalmente esa información se puede extraer de **estudios de mercado** y mediante el análisis de la **información existente dentro de la empresa.**

Así, la ficha de producto incluirá una información determinada:

- Nombre del producto
- Concepto y definición del producto
- Utilización principal del producto
- Público objetivo al que se puede ofertar
- Preguntas de sondeo
- Características técnicas y generales
- Objeciones que el posible comprador puede plantear ante nuestra oferta
- Posibles respuestas a las objeciones que hemos planteado

A continuación, se presenta a modo de ejemplo una ficha de producto:

Nombre del producto: *Software* 2.000

Concepto y definición del producto: *Software* Gestión administrativa a medida

Utilización principal del producto: Implantar procedimientos de gestión integral administrativa

Público objetivo al que se puede ofertar: Empresas con deficiencias informáticas o con un alto volumen de "papeleo"

Preguntas de sondeo:

¿A qué se dedica su empresa?
¿Qué volumen de ventas posee?
¿Le gustaría conocer diferentes ratios de control de resultados?
¿Tiene implantado un programa de gestión?
Etc.

Características técnicas y generales: Desarrollar

Objeciones que el posible comprador puede plantear ante nuestra oferta:

No estoy interesado
Ya tengo un problema de gestión
Me parece caro
Etc.

Posibles respuestas a las objeciones que hemos planteado:

Este es un nuevo concepto de gestión
Es innovador
Tenemos soluciones financieras adaptadas a las necesidades de comprador
Etc.

Ficha de producto

Además de la información anterior, la ficha de producto debe contener:

- **Necesidades** de cada uno de los perfiles del público objetivo detectados.
- **Frases de apertura** que pueden utilizarse en el inicio de la entrevista de ventas para despertar el interés del cliente.
- **Beneficios** que se desprenden de las características para cada uno de los perfiles de público objetivo detectados.
- Análisis de **ventajas e inconvenientes** del producto respecto a los productos de la competencia.

7.2. El argumentario del fabricante

El argumentario del fabricante es una **herramienta de uso particular del fabricante,** que le ayuda de forma determinante a lanzar un producto y que los vendedores finales, minoristas, comerciales crean en sus ventas.

El argumentario del fabricante ayuda a los productores a lanzar los productos al mercado.

Además, el argumentario del fabricante suele utilizar más tecnicismos y estar **diseñado para profesionales de la venta.**

IMPORTANTE

La diferencia principal entre el argumentario de ventas y el argumentario del fabricante es a quién se vende el producto. Mientras que el argumentario de ventas se dirige al cliente final, el argumentario del fabricante se dirige a un intermediario.

7.3. Selección de argumentos de venta

El argumentario de venta es un guion empleado por los vendedores que **refleja los pasos a seguir en el proceso de venta** de un producto o servicio.

Existen básicamente **tres vías básicas de argumentación,** que se podrán utilizar individualmente o combinadas:

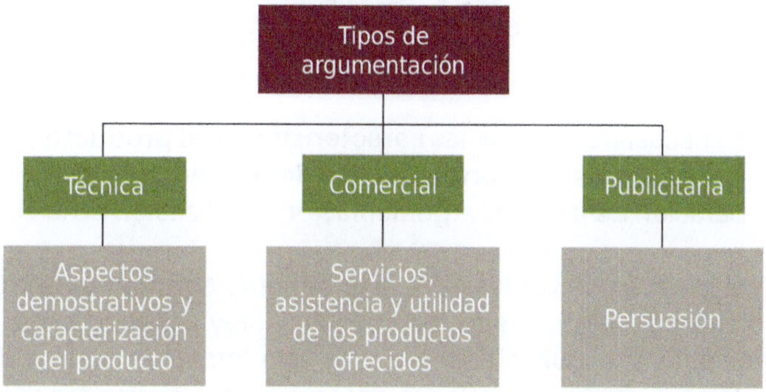

Como has visto, existen diferentes tipos de argumentación: **técnica, comercial y publicitaria.** Dependiendo del tipo de producto que se venda, se seleccionará un solo tipo de argumentación o una combinación de ellos.

8. Resumen

El objetivo principal de toda empresa es vender sus productos, pero pueden hacerlo de diferentes formas, existiendo diferentes **tipos de venta:**

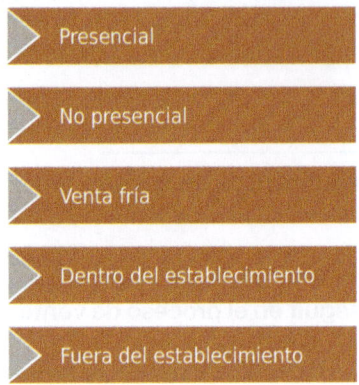

- Presencial
- No presencial
- Venta fría
- Dentro del establecimiento
- Fuera del establecimiento

Dependiendo del tipo de venta, los productos ofertados, sus características y las fases del proceso de venta variarán. Aunque, existen una serie de puntos en común:

- Es necesario conocer las **características del producto y del cliente.**
- Los **pasos a seguir en el proceso de ventas,** de forma general, son: preparación de la venta, argumentación y realización de la venta.

En el proceso de ventas es muy importante **conocer el producto,** sus características según la fase del ciclo de vida y variables clave para la venta (precio, marca, publicidad, etc.). De esta forma, se podrán demostrar sus ventajas, e identificar cuáles se adaptan a las necesidades del cliente.

Además de conocer el producto, es importante **conocer al cliente,** para poder ofrecerle el producto o servicio adecuado a sus necesidades. En este sentido, se puede reforzar ese conocimiento con herramientas como el **argumentario de ventas,** esenciales en el momento de la entrevista con el cliente.

Ejercicios de autoevaluación Unidad de Aprendizaje 1

1. **De los siguientes tipos de venta, identifica cuál de ellos no corresponde a la venta presencial:**

    a. Venta en ferias promocionales
    b. *Vending*
    c. Venta a domicilio
    d. Venta ambulante

2. **El sistema de ventas por medio de máquinas autoexpendedoras se denomina:**

    a. *Telemarketing*
    b. *Factoring*
    c. *Confirming*
    d. *Vending*

3. **Indica si las siguientes afirmaciones son verdaderas o falsas.**

    a. Un supermercado es un establecimiento en régimen de libre servicio con una dimensión entre 60 y 300 m^2.

    - Verdadero
    - Falso

    b. Un hipermercado es un establecimiento que se caracteriza por permanecer abierto al menos 18 h al día.

    - Verdadero
    - Falso

4. Ordena las fases del proceso de ventas:

_ Inicio de la entrevista
_ Desarrollo de la entrevista
_ Cierre de la venta
_ Identificación de posibles clientes
_ Concertación de la entrevista de ventas

5. La técnica de cierre de ventas consistente en enumerar las ventajas e inconvenientes del producto, haciendo énfasis en las ventajas, se denomina:

a. La acción
b. Los detalles
c. El cierre alternativo
d. La balanza

6. Según la pirámide de Maslow, ¿cómo se denomina a las necesidades de afecto y pertenencia a un grupo?

a. Necesidades de seguridad
b. Necesidades de reconocimiento
c. Necesidades sociales
d. Necesidades de autorrealización

7. El grupo de influencia formado por los amigos y compañeros de trabajo se denomina:

a. Grupo de influencia directa
b. Grupo de influencia indirecta
c. Familia
d. Grupo de aspiración

8. En la matriz *Boston Consulting Group,* los productos que generan mucha liquidez pero tienen un bajo crecimiento en el mercado son:

a. Los productos estrella
b. Los productos vaca lechera
c. Los productos interrogante
d. Los productos perro

9. Indica si las siguientes afirmaciones son verdaderas o falsas:

a. Según el ciclo de vida del producto, en la fase de crecimiento el precio comienza a subir.

- Verdadero
- Falso

b. La fase más larga del ciclo de vida del producto se denomina fase de madurez.

- Verdadero
- Falso

10. Relaciona las formas de presentación de los productos con sus características:

a. Envasado
b. Empaquetado
c. Embalaje

_ Incluye las actividades de diseñar y producir el recipiente para la envoltura de un producto.
_ Es el procedimiento por el cual una mercancía se envasa para su transporte o venta.
_ Son todos los materiales, procedimientos y métodos que sirven para acondicionar, presentar, manipular, almacenar, conservar y transportar una mercancía.

Unidad de Aprendizaje 2

Aplicación de técnicas de venta

Contenido

1. Introducción
2. Presentación y demostración del producto/servicio
3. Demostraciones ante un gran número de clientes
4. Argumentación comercial
5. Técnicas para la refutación de objeciones
6. Técnicas de persuasión a la compra
7. Ventas cruzadas
8. Técnicas de comunicación aplicadas a la venta
9. Técnicas de comunicación no presenciales
10. Resumen

Objetivos

Los objetivos específicos de esta Unidad de Aprendizaje son:

→ Aplicar las técnicas adecuadas a la venta de productos y servicios a través de los diferentes canales de comercialización distintos de internet.

→ Aplicar procedimientos de seguimiento de clientes y de control del servicio posventa.

1. Introducción

Para que el vendedor pueda detallar la historia del producto necesita **conocer y utilizar** adecuadamente un conjunto de **técnicas de venta,** que le permitirán presentar su producto mediante un proceso fluido para, de esa manera, poder obtener la respuesta deseada de su público objetivo.

Las técnicas de venta son un conjunto de actuaciones que se han ido desarrollando a lo largo de los años para **persuadir al cliente y lograr que este compre los productos de la empresa.**

Uno de los primeros pasos que deben realizar los vendedores antes de poner en práctica estas técnicas de venta es conocer adecuadamente el producto que están vendiendo. De esta forma podrán solventar las posibles dudas de los clientes y no se frenará el proceso de ventas por una falta de información.

Fundamentalmente se pueden destacar dos tipos de venta, la venta presencial y la venta no presencial. Para cada uno de estos tipos de venta se utilizarán unas técnicas de venta determinadas.

No obstante, existen unas técnicas de venta que se pueden utilizar tanto de forma presencial como no presencial, cabe destacar las técnicas de refutación de objeciones, las técnicas de persuasión a la compra y las ventas cruzadas.

Dicho esto, a lo largo de la unidad analizaremos el **sistema de comercialización del grupo empresarial LIMPISA, S. L.,** empresa líder en la comercialización y fabricación de maquinaria y productos de limpieza con sede central en un polígono industrial a las afueras de Valladolid.

2. Presentación y demostración del producto/ servicio

HILO CONDUCTOR

El responsable de ventas de LIMPISA se encarga de formar a todos los vendedores del grupo. Como parte de esta formación, considera fundamental que el equipo

Continúa en página siguiente >>

<< Viene de página anterior

de ventas conozca las características de los productos que se comercializan en la empresa, ya que a la hora de vender los artículos a los clientes potenciales es necesario realizar una presentación y una demostración del producto que logre persuadir a los clientes para que realicen la compra.

En ocasiones, dependiendo del tipo de producto, es necesario demostrar su uso o empleo, pudiendo configurarse como uno de los principales **argumentos de la venta,** ya que cuando la demostración de un producto se realiza de forma eficaz puede influir en la venta.

Con una demostración eficaz, el vendedor puede determinar los aspectos en los que el cliente está realmente interesado y el consumidor puede ver de primera mano las ventajas y usos del producto, de forma que se logra así **influir directamente en su decisión de compra.**

Definidos los objetivos que se quieren lograr con la demostración del producto, es necesario tener en cuenta las **fases o etapas** para la realización de la misma, consiguiendo de este modo que la demostración sea eficaz. Estas etapas son las siguientes:

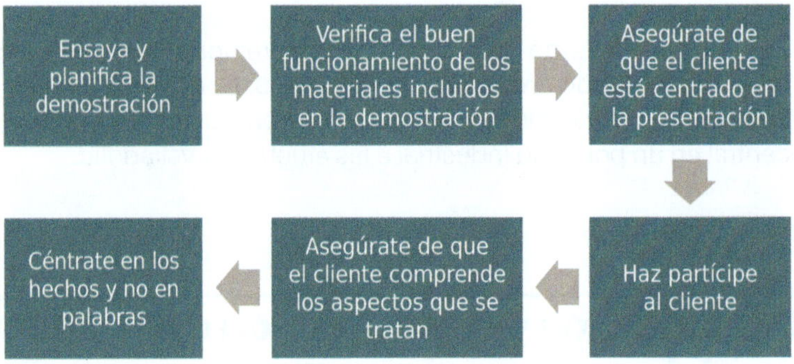

2.1. Concepto

La presentación de un producto se define generalmente como una secuencia de imágenes a menudo acompañada por texto, vídeos o sonidos, que **muestra al cliente potencial las posibilidades del producto.**

Es habitual que las presentaciones cuenten con una **estructura organizada,** que les permite alcanzar los **objetivos** planteados:

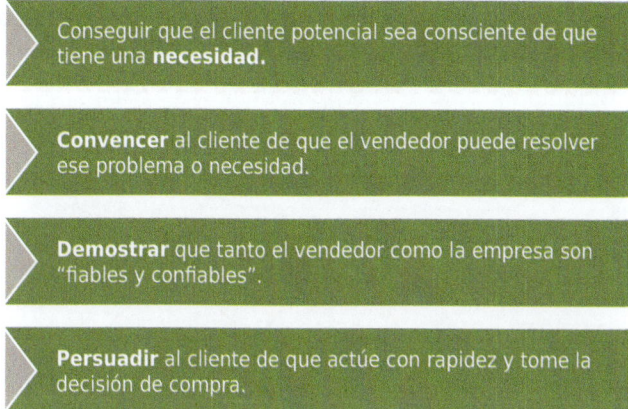

- Conseguir que el cliente potencial sea consciente de que tiene una **necesidad.**
- **Convencer** al cliente de que el vendedor puede resolver ese problema o necesidad.
- **Demostrar** que tanto el vendedor como la empresa son "fiables y confiables".
- **Persuadir** al cliente de que actúe con rapidez y tome la decisión de compra.

ACTIVIDAD COMPLEMENTARIA

1. Realiza la búsqueda de una presentación sobre un producto determinado y analiza si en el diseño de la presentación se han tenido en cuenta todos los aspectos estudiados hasta el momento, describiendo cómo se podría mejorar.

2.2. Tipos de presentación de productos

Un producto es cualquier **bien material o servicio que posee o puede poseer valor para el consumidor** o usuario y que puede satisfacer una necesidad o deseo.

Estos se crean en función de las necesidades del consumidor, intentando que se diferencien de la competencia y llamen la atención de los clientes.

EJEMPLO

Una empresa puede ofrecer coches para la venta (bien) que ya traigan incluido el seguro contra robos o accidentes (servicio) y tres meses de combustible gratis (bien).

Además, para presentar **el producto** se recomienda seguir una serie de premisas:

Recomendaciones para la presentación
Adecuar la presentación al cliente
Modificar siempre la presentación
Sustentar las afirmaciones
Mantener el entusiasmo y la confianza
Captar y mantener la atención del cliente
Hacer participar al cliente
Escuchar al cliente
Usar testimonios reales

2.3. Diferencias entre productos y servicios

A efectos prácticos, se consideran los **servicios como productos intangibles.**

Partiendo de esta premisa, todas las ideas y criterios referidos a productos se pueden aplicar a los servicios, aun así, es cierto que existen **diferencias en cuanto a su comercialización.**

Características de los productos	Características de los servicios
- Tangibles. - Generalmente son ofertas estándar. - La fabricación es independiente del consumo. - Son perdurables. - Difíciles de personalizar.	- Intangibles. - Generalmente heterogéneos y variables. - Se producen y consumen a la vez. - No perduran en el tiempo. - Fácilmente personalizables.

3. Demostraciones ante un gran número de clientes

HILO CONDUCTOR

El grupo empresarial LIMPISA asiste con regularidad a ferias, congresos y exposiciones para dar a conocer sus productos. Cuando se presenta la maquinaria y los productos de limpieza en estos lugares, generalmente se hace ante un gran número de personas.

¿Se tendrán en cuenta los mismos factores que en las presentaciones ante un número reducido de clientes?

En ocasiones las demostraciones o presentaciones de productos se efectúan ante un gran número de personas. Para este tipo de eventos se necesitan amplias zonas que sean cómodas para los clientes.

No obstante, gracias a las nuevas tecnologías e internet, se pueden establecer **multiconferencias** que llegan a un mayor número de oyentes, reduciendo de forma significativa los costes.

De este modo, las personas que no puedan acceder a una presentación por cuestiones de aforo o geográficas, podrán seguirlas en *streaming*.

Demostración multitudinaria

DEFINICIÓN

Streaming
Tecnología que permite ver un archivo de vídeo desde internet de forma directa, sin necesidad de descarga previa.

En todo caso, el factor clave para hacer que la presentación tenga éxito es **preparar concienzudamente todos los elementos que intervienen** en ella.

El vendedor deberá llevar un guion preestablecido para promocionar el producto.

PARA SABER MÁS

Accede al siguiente enlace para conocer cómo funciona el *streaming:*

Continúa en página siguiente >>

<< Viene de página anterior

https://redirectoronline.com/uf00310201

ACTIVIDAD COMPLEMENTARIA

2. Reflexiona sobre los recursos que se podrían utilizar en presentaciones presenciales con un gran número de clientes potenciales (pantalla para la presentación audiovisual, muestras de producto, cóctel, listado de características y datos técnicos, etc.). ¿Cuáles piensas que serían los más adecuados para este caso?

3.1. Diferencias entre presentaciones a un pequeño y a un gran número de clientes

Las características de las presentaciones variarán dependiendo del número de personas al que vaya dirigido.

Obviamente, existe una diferencia en cuanto a **costes** generados en la presentación a pequeños o grandes grupos, pero además, existen otras **diferencias.**

Presentación a pocos interlocutores	Presentación a muchos interlocutores
- Trato personalizado. - La venta es más fácil. - Cliente se siente protagonista.	- Impersonal. - Mayor posibilidad de compra y difusión. - Se suelen realizar más consultas.

3.2. Criterios a considerar en el diseño de las presentaciones

A la hora de diseñar las presentaciones se deben tener en cuenta una serie de **factores que permitirán llegar de una forma más efectiva a los clientes:**

- Mensaje claro y conciso: un titular descriptivo para cada uno de sus productos.
- Conseguir clientes fieles: la idea es conseguir adeptos y defensores del producto.
- No sobrecargar la presentación: presentar las diapositivas de forma ordenada, hacerlas sencillas y visuales.
- Presentar sueños en vez de productos: intenta ofrecer nuevas experiencias y emociones.
- Regla de los diez minutos: dicen que el cerebro se cansa tras diez minutos de prestar atención. Es conveniente interrumpirla con vídeos o demostraciones.
- Ensayar: cada aspecto de una presentación se prepara concienzudamente y no se deja nada al azar.
- El gran momento: debe haber un momento único del que todo el mundo hable al día siguiente.

3.3. Aplicaciones de presentación

Existen **aplicaciones informáticas** que permiten diseñar de manera sencilla todo tipo de presentaciones. Estas además permiten incluir a la exposición una serie de recursos que son de gran utilidad. Por ejemplo, gráficos, imágenes, texto, etc.

El material audiovisual sirve de apoyo a la presentación.

En una presentación ante un gran número de personas se necesitará como **soporte** lo siguiente:

Material informativo	Material audiovisual
- Cartas - *E-mail* - Folletos - Formas de pago - Estadísticas, estudios, etc.	- Vídeos promocionales o explicativos del uso del producto. - Fotografías. - Gráficos, muy utilizados para comparaciones con la competencia. - Material multimedia: las presentaciones multimedia pueden verse en un escenario, proyectarse, transmitirse o reproducirse localmente en un dispositivo por medio de un reproductor multimedia.

4. Argumentación comercial

HILO CONDUCTOR

El grupo LIMPISA cuenta con un amplio equipo de ventas; *telemarketing,* vendedores en comercios minoristas, vendedores puerta a puerta, etc.

Es importante que cada uno de los departamentos de ventas conozca bien las diferentes técnicas de ventas que pueden utilizar con sus clientes. Una de las que se pueden utilizar tanto en la venta presencial como en la no presencial es la argumentación comercial.

¿Conoces sus características?

La argumentación comercial es vital dentro del proceso de negociación, consiste en **hacer ver al cliente las diferencias entre sus productos y los de los competidores.** Para lograr esto hay que presentar los argumentos adecuados y de la forma correcta.

Argumentar es exponer al cliente las ventajas que presenta nuestro producto o servicio en proporción con las motivaciones expresadas por dicho cliente. En otras palabras: un argumento es un razonamiento destinado a probar o refutar una propuesta. Un buen argumento debe poseer las siguientes cualidades principales:

- Debe ser preciso, es decir, debe adecuarse a la motivación principal del interlocutor.
- Debe ser claro, con un lenguaje comprensible para la otra persona, evitando los términos técnicos, la jerga del profesional o del iniciado.
- Se debe presentar en el momento oportuno, después de conocer las necesidades y motivaciones de compra del interlocutor.

4.1. Tipos y formas de argumentos

El argumentario es el **guion empleado por los vendedores que refleja los pasos a seguir en el proceso de venta** de un producto o servicio, el vendedor puede usar distintos tipos de argumentos, siempre y cuando no interfieran negativamente en el proceso de ventas.

La presentación de argumentos puede ser:

- **Argumentación técnica:** incide en los aspectos demostrativos y características del producto ofrecido.
- **Argumentación comercial:** se centra en los servicios, la asistencia y la utilidad de los productos ofrecidos.
- **Argumentación publicitaria:** se basa en un procedimiento persuasivo.

Dependiendo del tipo de interlocutor, del producto, de la zona geográfica, etc., existen diferentes **tipos de argumentos:**

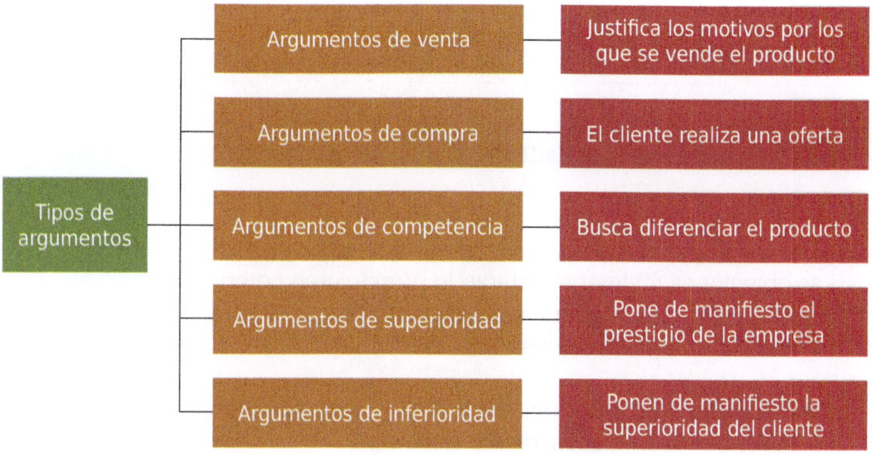

Como se ha podido observar, los distintos tipos de argumentos son **estrategias para adaptarse lo mejor posible al cliente y conseguir una venta.** Si el vendedor conoce los atributos del producto que comercializa, puede preparar argumentos para cada uno de ellos.

En general, es habitual destacar los siguientes **atributos:**

- Calidad
- Envase
- Precio
- Condiciones de pago
- Condiciones de uso
- Seguridad
- Resistencia
- Garantía
- Vida del producto
- Condiciones de envío

4.2. Tipos y formas de objeciones

Cuando el cliente hace una objeción, el vendedor debe sentirse satisfecho, pues esto **implica interés** en lo que se está planteando al cliente, y es una señal inequívoca de que el cliente está interesado en el producto.

IMPORTANTE

Si no hay objeciones por parte del cliente, no habrá venta.

Las objeciones realmente aclaran lo que quieren comprar los clientes. Nacen de la falta de conocimiento adecuado por parte del cliente y suelen basarse en una información insuficiente.

Para manejar mejor las objeciones hay que **escuchar al cliente** y para aprender a escuchar eficazmente se debe:

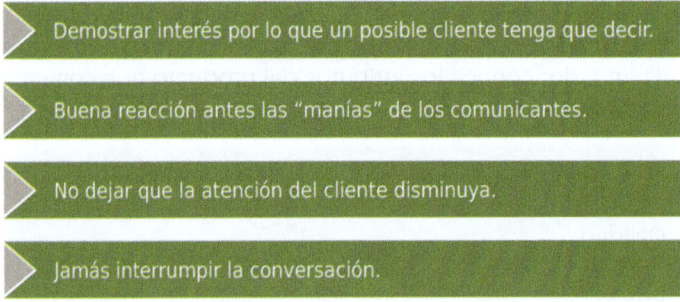

- Demostrar interés por lo que un posible cliente tenga que decir.
- Buena reacción antes las "manías" de los comunicantes.
- No dejar que la atención del cliente disminuya.
- Jamás interrumpir la conversación.

¿Cómo superar las objeciones?

Una objeción indica que el cliente ha visto o concebido algún obstáculo. El vendedor ya tiene una pista de la manera de pensar del cliente y se le presenta la oportunidad de poder aclararle esas dudas.

El vendedor determinará la naturaleza del obstáculo, haciendo preguntas al cliente, para saber en qué etapa del proceso de decisión se encuentra.

Las objeciones que se pueden encontrar por parte del cliente son de varios **tipos:**

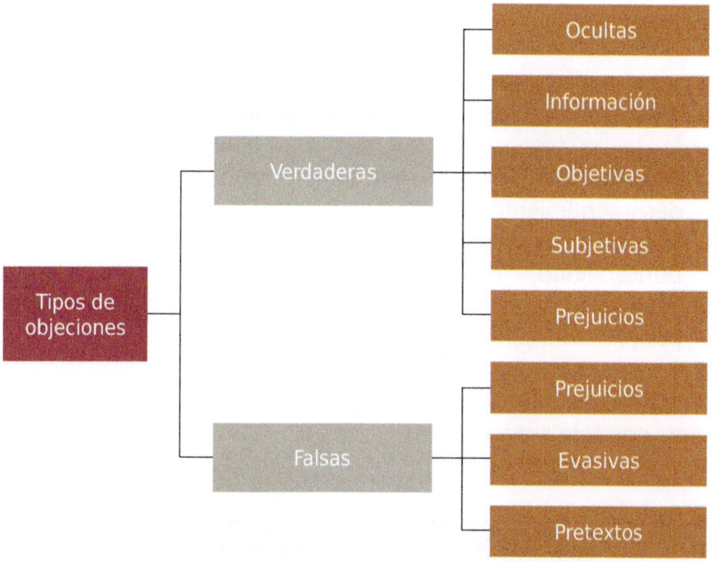

Como has podido observar en el esquema las objeciones pueden ser falsas o verdaderas; a continuación, se analizará cada una de ellas.

Objeciones verdaderas

En este tipo de objeciones **el vendedor es desconfiado,** duda que el producto le proporcione los beneficios que afirma el vendedor, también se dan cuando el cliente cree que el producto tiene una desventaja que en realidad no existe.

Dentro de las objeciones verdaderas se pueden diferenciar las siguientes:

- **Ocultas:** aquellas que el cliente no se atreve a exponer. Es importante crear un buen clima en el momento de la entrevista para que el cliente se exprese libremente.
- **Información:** solicitud de información, denota interés por parte del cliente.
- **Objetivas:** están relacionadas con atributos del producto que el cliente desea comprobar o verificar.
- **Subjetivas:** el vendedor no dedica el tiempo necesario al cliente, puede generar una sensación nefasta para la venta.
- **Prejuicios:** son ideas o juicios preconcebidos que tiene el cliente, suelen estar motivados por experiencias negativas.

Objeciones falsas

Son objeciones que realizan los clientes para ocultar la objeción verdadera, dentro de este tipo de objeciones se pueden distinguir:

- **Prejuicios:** son difíciles de rebatir, puesto que tratan ideas preconcebidas y sentimientos que tiene el cliente.
- **Evasivas:** objeciones de huida para desviar el problema o huir de la responsabilidad.
- **Pretextos:** ocultan las verdaderas objeciones, denotan falta de interés por parte del cliente.

Identificado el tipo de objeciones del cliente, el vendedor debe actuar de forma correcta ante ellas:

¿Cómo se tiene que actuar frente a las objeciones?	¿Qué no se debe hacer frente a las objeciones?
- El vendedor deberá ser decidido, escuchar atentamente, conocer la respuesta de la objeción, hablar claro, expresarse correctamente y estar de acuerdo con el cliente, aunque sea aparentemente.	- El vendedor jamás podrá enfadarse, discutir, ser pedante o sarcástico, no deberá interrumpir al cliente o dejarlo por imposible.

5. Técnicas para la refutación de objeciones

HILO CONDUCTOR

A la hora de tratar con los clientes potenciales, los comerciales de LIMPISA deben conocer las diferentes técnicas de venta.

Es por ello que el responsable de ventas del grupo enseña a su equipo las diferentes técnicas de refutación de objeciones existentes, ya que estas pueden dar un giro a las negociaciones y conseguir cerrar acuerdos comerciales con los clientes.

Se han estudiado una serie de técnicas generales para la refutación de objeciones, recomendables para tratar con diferentes tipos de personalidad. Pero además, hay otras **técnicas específicas** que han dado resultado a lo largo de los años, y son indispensables para que el vendedor esté preparado ante lo inesperado.

Para conseguir tratar a los **clientes difíciles de manera exitosa,** el vendedor deberá conocer de una serie de puntos importantes:

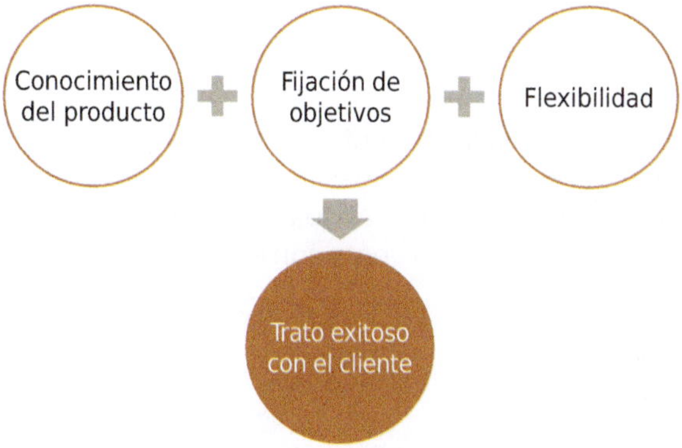

Además de estos puntos generales, hay varias **técnicas de ventas eficaces** que preparan a los vendedores para responder casi a cualquier objeción:

- La refutación directa: la objeción necesita una respuesta inmediata, precisa un tono informativo y agradable.
- La técnica "Sí... pero": el vendedor está de acuerdo con la objeción, pero refuta con información adicional.
- Preguntas como reacción a las objeciones: obligan a justificar las objeciones.
- Paráfrasis: consiste en repetir la objeción para que parezca hipócrita o poco razonable y así tratar de suavizarla.
- *Boomerang:* transforma la objeción en la razón de compra.

El buen uso de estas técnicas y la elección del momento adecuado para aplicarlas dependen de cada vendedor, pero en general la **paráfrasis parece la técnica más adecuada para el vendedor moderno,** ya que según los psicólogos, ninguna técnica es tan eficaz para crear una comunicación clara y objetiva entre dos personas.

SABÍAS QUE...

La compañía 3M enseña a sus representantes de ventas a que cuando un cliente solo aporta objeciones negativas a la venta, el vendedor debe responder con preguntas que introduzcan factores positivos a la presentación. Por ejemplo, si un cliente se queja del precio del producto, el vendedor puede contestar que esto se debe, en parte, a la gran cantidad de propaganda a nivel nacional que se le ha hecho y cuyos beneficios deben ser conocidos por el cliente.

Como has visto, existen diferentes tipos de objeciones y es importante que el vendedor tenga las cualidades necesarias para poder identificarlas y hacer frente a las mismas, refutándolas de la forma adecuada. Solo de este modo, conseguirá cerrar la venta con éxito.

TAREA 4

Para la realización de esta actividad debes elaborar una presentación para un producto de tu elección, utilizando para ello un *software* de presentaciones.

A partir de la misma, elabora un diálogo en el que simules la exposición de dicha presentación a un cliente, utilizando las técnicas oportunas.

Por otro lado, el cliente deberás presentar objeciones que el vendedor deberá rebatir de forma correcta, teniendo en cuenta el tipo de cliente que es y el canal utilizado.

6. Técnicas de persuasión a la compra

Aunque los expertos busquen siempre nuevas técnicas de venta, siguen utilizando de un modo preferente los métodos que a lo largo de los años han resultado más eficaces: las **técnicas de persuasión.**

NOTA

El miedo a la pobreza, a la enfermedad, a la pérdida de rango social o a sufrir una desgracia logra que a veces las personas adquieran productos concretos. Estos miedos son una de las principales debilidades humanas y se suelen utilizar en publicidad como técnica de persuasión.

Estas técnicas **tratan de sugestionar al cliente** para que adquiera los productos que ofrece la empresa. Las técnicas de persuasión que se utilizan con más frecuencia son:

La publicidad moderna	Las marcas registradas	Las rebajas y promociones	El precio

A continuación, se explican las particularidades de cada una de ellas:

- **La publicidad moderna:** la publicidad no solo subraya las ventajas del producto, sino que además nos enseña los beneficios que se obtienen con su adquisición. Una de las técnicas elementales, utilizada desde la aparición de la publicidad, se basa en la repetición del mensaje. Por lo común, el publicitario intentará captar la atención del cliente potencial, repitiendo sus anuncios.
- **Las marcas registradas:** los productores gastan enormes sumas de dinero para crear y consolidar sus marcas como garantía de fiabilidad y valor. Cuando el consumidor confía en un sello comercial, se puede considerar que este es, en sí mismo, un anuncio publicitario más, en tanto en cuanto es un medio de garantizar al consumidor que el producto goza de garantía de calidad.
- **Las rebajas y promociones:** ayudan a persuadir al cliente.
- **El precio:** es quizá uno de los mejores anuncios publicitarios, por lo que en determinadas estaciones o, con motivo de una promoción especial, es frecuente el uso de palabras como rebajas y ganga.

Todas estas técnicas de persuasión están limitadas por los medios de comunicación, restricciones legales y el código deontológico de las agencias publicitarias.

7. Ventas cruzadas

HILO CONDUCTOR

El grupo LIMPISA comercializa maquinaria y productos de limpieza. Es por esto que los vendedores aprovechan la complementariedad de ambos productos para realizar ventas cruzadas.

De este modo, cuando un cliente compra una maquinaria de limpieza, los vendedores del grupo intentan vender productos de limpieza que se puedan utilizar con esa máquina.

La venta cruzada es una estrategia de *marketing* que permite **proponer a los clientes ya existentes productos o servicios complementarios,** aprovechando cualquier comunicación formal. Tiene como objetivo maximizar las ventas y busca principalmente la fidelización del cliente.

EJEMPLO

Cuando los clientes de un banco quieren contratar una hipoteca, contratan un seguro para la vivienda, un seguro de vida o accidentes, tarjetas de crédito, etc. En ese caso se habrá realizado una venta complementaria.

Existen diferentes **tipos de venta cruzada:**

- Vender a distintas unidades de negocio de una misma cuenta: vendemos material de oficina a una sucursal de productos informáticos y, mediante nuestros contactos en esa división, conseguimos vender a otra sucursal de la misma corporación empresarial.
- Vender a la misma cuenta en distintos lugares: le prestamos servicio de seguridad a la central de una compañía de consumo en Barcelona y conseguimos prestar ese mismo servicio a la compañía en la delegación de Huesca.
- Vender múltiples productos al mismo cliente: vendemos distintos productos de material de oficina a una sucursal de productos informáticos.

El objetivo de la venta cruzada es **maximizar el valor de cada cliente.** Para ello es necesario conocerlo bien. Una vez se recopila información sobre el cliente es necesario analizarla y estudiarla para poder presentar productos o servicios adicionales que satisfagan sus necesidades.

Este tipo de ventas aportan multitud de **beneficios:**

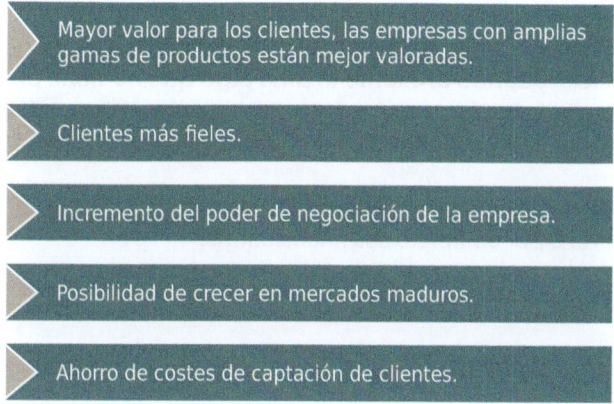

- Mayor valor para los clientes, las empresas con amplias gamas de productos están mejor valoradas.
- Clientes más fieles.
- Incremento del poder de negociación de la empresa.
- Posibilidad de crecer en mercados maduros.
- Ahorro de costes de captación de clientes.

El mayor obstáculo de las ventas cruzadas es la resistencia de los clientes, ya que piensan que cuando se les vende un producto o servicio luego intentaremos venderle otros. Para minimizar esta resistencia debemos presentar los nuevos productos o servicios con la garantía de calidad del producto o servicio que ya está consumiendo.

7.1. Ventas adicionales y sustitutivas

Las **ventas adicionales** se pueden definir como aquellas que **se realizan una vez que se ha cerrado la venta del producto principal,** consistentes en productos gancho o de compra por impulso que completan o añaden valor al producto principal.

EJEMPLO

A la hora de comprar una cámara fotográfica, el comercial aprovechará para sumar una venta adicional al producto principal ofreciendo una funda protectora, una tarjeta de memoria o un seguro antirrobo.

Por otro lado, la **venta sustitutiva** es el tipo de venta que deberá usar el comercial **cuando el cliente le pida algo que no tiene en *stock* o que no existe.** En este caso, es necesario no perder la posibilidad de vender y aprovechar la disposición del cliente a realizar una compra.

Para ello, el comercial ofrece otro producto o servicio similar que satisfaga en parte o por completo sus necesidades.

EJEMPLO

Un cliente necesita una funda impermeable de una cámara fotográfica para realizar instantáneas bajo el agua. El comercial, al no tener ese producto en *stock*, ofrecerá al cliente una cámara fotográfica que no necesita funda impermeable y le presentará el producto ensalzando sus características.

TAREA 5

Un vendedor de material informático atiende a un cliente que ha entrado en su establecimiento buscando una impresora y un escáner, pero en ese momento no dispone de los dos artículos por separado. ¿Cómo provocarías una venta sustitutiva y una venta complementaria en este caso?

8. Técnicas de comunicación aplicadas a la venta

Hablar de la importancia de la comunicación está fuera de toda duda.

La **comunicación** es un proceso en el cual una persona, llamada **emisor,** envía un mensaje a un **receptor,** que es el destinatario del mensaje. El **mensaje** es la información que se quiere transmitir y se simboliza mediante un soporte verbal (hablando) o no verbal (signos, mímica, imagen, etc.), o ambos a la vez, empleando un **código** común (es decir, el código a emplear debe ser entendible por ambas partes).

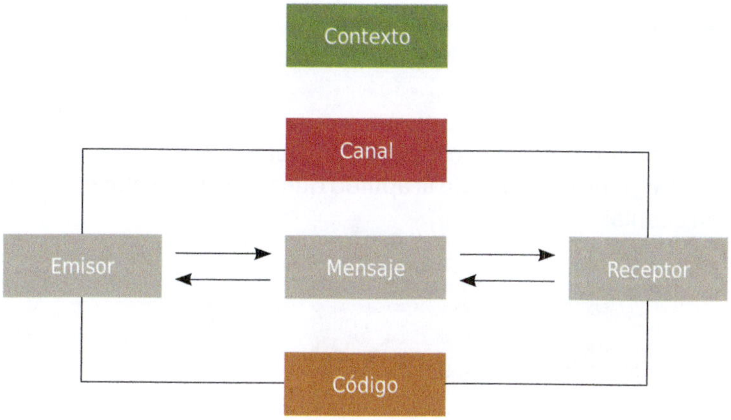

No es posible la evolución personal, social y, por supuesto, empresarial sin comunicación.

EJEMPLO

Son muchas las veces al cabo de una jornada de trabajo en las que los miembros de la empresa se están comunicando, ya sea para pedir información, realizar una gestión (llamada telefónica a un cliente, negociar con un proveedor, etc.), dar órdenes, etc.

En el ámbito empresarial existe una necesidad constante de comunicación entre las personas que lo constituyen. Por tanto, conocer y dominar las distintas técnicas de comunicación será un **factor decisivo para tener éxito en la empresa.**

No cabe duda de que un gran problema que afecta a las empresas actuales es la falta de comunicación o el uso inadecuado de sus técnicas, lo que ha motivado un aumento del interés por los procesos de comunicación. Esta comunicación se basa en la continua circulación de información, necesaria para que una empresa funcione.

8.1. Aptitudes del comunicador efectivo: asertividad, persuasión, empatía e inteligencia emocional

Cuando dos personas se comunican pretenden satisfacer sus necesidades, pero lograrlo depende de la aptitud que muestren. Entre ellas, debe tenerse en cuenta:

Inteligencia emocional	Empatía	Persuasión	Asertividad

Inteligencia emocional

Es la capacidad de reconocer nuestros propios sentimientos y los sentimientos de los demás, y la capacidad motivar y manejar las relaciones que mantenemos con nosotros mismos y los demás. Con ella se crean relaciones de confianza con los clientes y se consigue fidelizarlos. El factor clave de la inteligencia emocional es el optimismo.

El buen vendedor asesora al cliente potencial, le ofrece soluciones a sus problemas, satisface sus necesidades y, lo más importante, sabe en qué momento vender y en cuál no. La realización de estas acciones es esencial para que el cliente nos recuerde y se construyan relaciones a largo plazo que permitan cerrar la venta en próximas oportunidades.

Empatía

Capacidad de **percibir lo que el otro individuo puede sentir.** Es fundamental para generar confianza en los clientes.

Persuasión

Para conseguir persuadir a un cliente debemos asociar el mensaje con buenos sentimientos y transmitirlo con buen estado de ánimo, ya que esto lo hace más convincente.

Asertividad

La asertividad consiste en **decir lo que se piensa respetando la opinión de los demás.** Utilizar técnicas de comunicación asertiva traerá consigo el respeto y la consideración de nuestros receptores.

Para mostrar una aptitud asertiva se pueden utilizar diferentes técnicas. Entre ellas se encuentran:

- **Técnica del disco rayado:** consiste en repetir de forma continua el punto de vista del vendedor, hasta que el cliente se dé cuenta de cuál es su postura y se pueda llegar a un acuerdo razonable.
- **Aserción negativa:** consiste en responder a una crítica manifestando que es razonable, hasta que la persona que esté criticando deje de hacerlo.
- **Crear confusión:** se utiliza cuando se sabe con certeza que el cliente no tiene razón, consiste en crear dudas y ponerlo en una situación de desconcierto.

APLICACIÓN PRÁCTICA

Un cliente llega a un concesionario de automóviles con la intención de comprar un coche de alta gama para usarlo los fines de semana. Además, quiere que tenga motor diésel porque ahorraría dinero en combustible.

Continúa en página siguiente >>

<< Viene de página anterior

El comercial le dice que tiene razón, pero dados los kilómetros que realizará anualmente le merece más la pena invertir el dinero en un coche de gasolina. El comercial sabe que la venta de coches de gasolina beneficia más a la empresa porque el margen de beneficio es mayor.

Identifica qué técnica de venta está usando en este caso el comercial.

Solución

En este caso el comercial está utilizando la técnica de crear confusión, ya que sabe con certeza que el cliente no tiene razón. Crea dudas al cliente y lo pone en una situación de desconcierto.

Ya has visto que para cerrar con éxito una venta es necesario que el vendedor tenga una serie de cualidades, entre las que se encuentra la de comunicarse eficazmente. Para ello, debe desarrollar una serie de aptitudes como son la inteligencia emocional, empatía, persuasión y asertividad.

8.2. Barreras y dificultades en la comunicación comercial presencial

En muchas ocasiones, cuando el receptor intenta decodificar un mensaje se encuentra con barreras que dificultan su comprensión. En estos casos se puede hablar de obstáculos que pueden ser **semánticos, físicos, fisiológicos y psicológicos.**

Obstáculos semánticos	Obstáculos físicos	Obstáculos psicológicos
- Se producen cuando no se comprenden bien los símbolos, el idioma o el vocabulario utilizado.	- Son las interferencias que hay en el ambiente y bloquean la comunicación.	- En muchas ocasiones la forma que tenga el receptor de percibir e interpretar el mensaje puede constituir una barrera negativa.

Estos obstáculos pueden ocasionar a veces que la comunicación comercial quede bloqueada, incompleta o imperfecta, dando lugar a relaciones laborales y/o comerciales defectuosas cuyo impacto en la empresa puede ser enorme.

8.3. La comunicación no verbal: la transmisión de la información a través del comportamiento y el cuerpo

La comunicación no verbal es la forma que tiene el ser humano de **transmitir información sin utilizar la palabra,** a través de expresiones, gestos, posturas, movimientos e imagen personal.

La comunicación no verbal es más difícil de controlar.

Conocer las características más destacadas de la comunicación no verbal ayuda a resolver problemas de interpretación de los mensajes no verbales y reduce la falta de atención, aunque a veces la comunicación no verbal puede ser ambigua.

Las **funciones** que cumple la comunicación no verbal son las siguientes:

- Sustituir la palabra
- Reforzar la comunicación

IMPORTANTE

Las comunicaciones no verbales son muy difíciles de ocultar.

ACTIVIDAD COMPLEMENTARIA

3. Busca algunos ejemplos de comunicación no verbal y obtén una relación de los gestos más relevantes y su significado.

8.4. Técnicas para la comunicación no verbal a través del cuerpo: manos, mirada, posición, espacio entre los interlocutores u otros

Los **elementos expresivos no verbales** son aquellos en los que no interviene para nada la palabra; por tanto, para percibirlos es necesario que la comunicación se establezca de forma presencial.

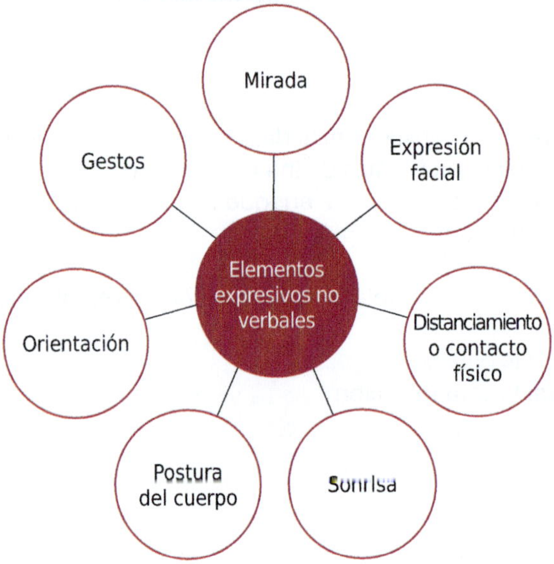

Mirada

En la actividad comercial resulta **muy útil para reforzar la comunicación verbal.** Mediante un contacto visual largo se transmite afecto, seguridad y confianza, ahora bien, hay casos en los que se puede llegar a intimidar a alguien a través de una mirada que en principio parecía franca.

Expresión facial

Los movimientos faciales tienen la particularidad de que la información transmitida por ellos es **fácil de interpretar.**

Distanciamiento o contacto físico

Se refiere a la distancia que se establece entre dos interlocutores.

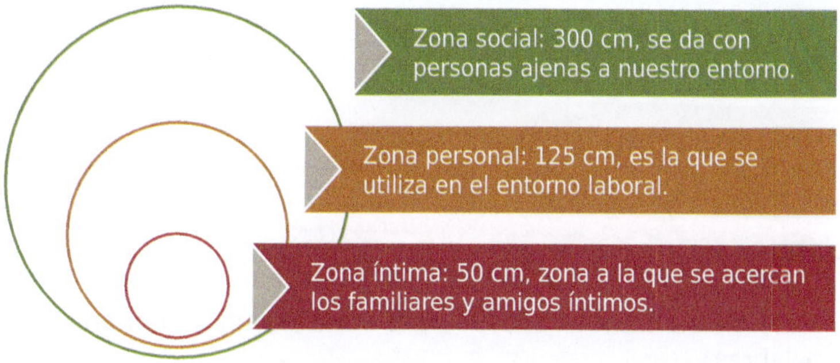

Zona social: 300 cm, se da con personas ajenas a nuestro entorno.
Zona personal: 125 cm, es la que se utiliza en el entorno laboral.
Zona íntima: 50 cm, zona a la que se acercan los familiares y amigos íntimos.

El acercamiento del cuerpo hacia el interlocutor se interpreta como interés por la comunicación, por el contrario, un alejamiento significa desinterés, discrepancia o rechazo.

Sonrisa

Tiene una **gran fuerza positiva** y difícilmente pasa desapercibida por el interlocutor; es esencial para crear un clima cordial, transmite aceptación, amabilidad y agrado hacia la persona a quien va dirigida.

Postura del cuerpo

La posición del cuerpo y las extremidades **transmiten mucha información.** Cuando un cliente se sienta o cruza los brazos da signos de desinterés, por tanto el comercial deberá tomar las medidas oportunas para volver a llamar la atención del cliente.

Orientación

El **ángulo de visión** de un interlocutor respecto a otro puede facilitar o dificultar la comunicación.

Gestos

Cada gesto que se realiza en el transcurso de la comunicación tiene su significado.

Apariencia personal

Es el aspecto exterior de una persona.

Paralenguaje

Son los **fenómenos sonoros de la comunicación humana** que no son las palabras.

Sin duda, la interpretación de los mensajes no verbales puede llegar a ser compleja, sobre todo cuando se hace de manera muy sutil. Además, es necesario volver a recordar que la **comunicación no verbal es ambigua;** un gesto puede significar una cosa y parecer otra. De la misma manera, dos personas pueden adoptar el mismo gesto y en cada caso tener un significado distinto.

Además de los elementos expresivos analizados anteriormente, existen una serie de gestos que se deberán interpretar de forma correcta para tener éxito en las negociaciones con los clientes, ya que a partir de ellos se podrá adaptar el discurso al cliente del mejor modo posible. En la siguiente tabla se muestran los gestos más comunes junto con su significado:

Gestos	Refleja...
Entrelazar los dedos	Autoridad
Mirar hacia abajo	No creer en lo que se escucha
Golpear ligeramente los dedos	Impaciencia
Palma de la mano abierta	Sinceridad, franqueza e inocencia
Brazos cruzados	Actitud defensiva
Dar un tirón al oído	Inseguridad
Cruzar las piernas, balanceando ligeramente el pie	Aburrimiento
Tocarse ligeramente la nariz	Mentir, dudar o rechazar algo

TAREA 6

Esta tarea se realizará en dos fases. En la primera fase deberás redactar un informe en el que se recojan cuáles son las cualidades y las acciones que debe llevar a cabo un vendedor para particularizar la relación con el cliente, consiguiendo así potenciar el recuerdo y el vínculo que este mantendrá con los vendedores.

Para la segunda fase, teniendo en cuenta el informe realizado y a partir de los datos del producto o servicio seleccionado para la tarea 5, elabora un diálogo en el que simules la realización de una entrevista a un cliente para vender el producto.

Para el desarrollo del diálogo, uno de los personajes asumirá el rol de vendedor, y otro el de cliente. El vendedor deberá presentar el producto al cliente aplicando métodos que ayuden a fortalecer el vínculo con el cliente y mantener relaciones a largo plazo, aplicando técnicas de comunicación y habilidades sociales que faciliten la empatía con el mismo.

9. Técnicas de comunicación no presenciales

HILO CONDUCTOR

Además del equipo de vendedores que trabajan cara a cara con los clientes, el grupo LIMPISA cuenta con un departamento de *telemarketing* que se encarga de cerrar los acuerdos con los clientes que reportan anualmente un menor volumen de ingresos a la compañía.

No obstante, este equipo de teleoperadores debe estar igualmente preparado y conocer unas técnicas de comunicación específicas que se utilizan en la comunicación no presencial. ¿Cuáles serán esas técnicas?

La **comunicación oral** es el proceso mediante el cual un emisor y el receptor de un mensaje se comunican, haciendo uso del lenguaje verbal y una codificación común. Puede ser presencial o no presencial:

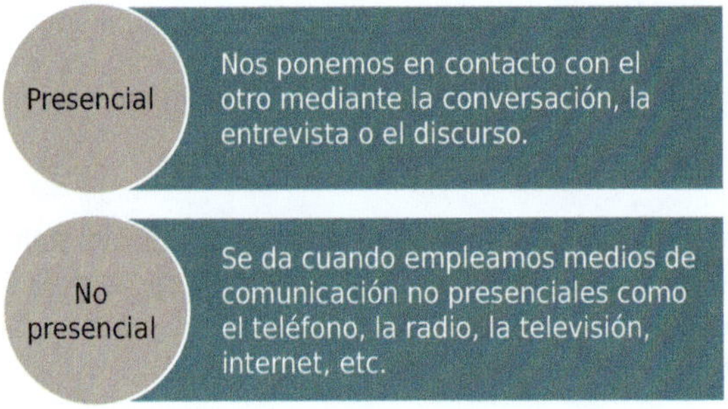

Presencial
Nos ponemos en contacto con el otro mediante la conversación, la entrevista o el discurso.
No presencial
Se da cuando empleamos medios de comunicación no presenciales como el teléfono, la radio, la televisión, internet, etc.

9.1. Recursos y medios de comunicación no presenciales

Debido al avance tecnológico, son cada vez más los recursos y medios disponibles que facilitan en gran medida el proceso de comunicación oral no presencial.

Entre estos medios se encuentra el **webinar,** un tipo de videoconferencia que se usa a menudo con fines comerciales o de formación, pudiendo incluso unir ambos conceptos. Está indicado para transmitir información a una gran cantidad de personas que pueden interactuar en directo con el conferenciante mediante un chat. Los webinar suelen ser **gratuitos y abiertos,** de forma que cualquier persona puede acceder a él en el momento que se realiza.

Por otro lado, nos encontramos con las **videoconferencias,** que están diseñadas para ofrecer información a un número más reducido de participantes. Este formato tiene la particularidad de que la comunicación es **simultánea y bidireccional con audio y vídeo.** Las aplicaciones más usadas para hacer videoconferencias son *Skype,* que permite reunirse hasta a 10 personas a la vez; y *Zoom,* que permite reuniones de hasta 100 personas al mismo tiempo.

Adicionalmente pueden ofrecerse **facilidades telemáticas** o de otro tipo como el intercambio de imágenes, ficheros, etc.

En las videoconferencias puede participar un número determinado de personas, según la herramienta utilizada, pero no es recomendable que supere los 20 miembros. (© Fotografía: Fuelrefuel Vía Web - CC BY-SA 3.0)

9.2. Barreras en la comunicación no presencial

Las barreras que pueden encontrarse en la comunicación pueden ser de diferentes tipos: semánticas, físicas, fisiológicas y psicológicas.

Pero, ¿qué ocurre en la comunicación no presencial? ¿Las barreras serán las mismas?

Las barreras de la comunicación no presencial **son las mismas que las de la comunicación presencial:**

- **Semánticas:** están relacionadas con el significado de las palabras.
- **Físicas:** se originan en el contexto en el que se produce la comunicación, son impersonales y pueden ser debidas a ruidos, calor, incomodidad, etc.
- **Psicológicas:** están relacionadas con factores mentales personales del emisor o receptor, ya sea por agrado o rechazo hacia el interlocutor o el mensaje, a estados emocionales (miedo, tristeza, alegría) o a prejuicios.
- **Fisiológicas:** son las deficiencias que se encuentran en las personas y afectan a los sentidos, entorpeciendo la comunicación.

ACTIVIDAD COMPLEMENTARIA

4. Indica en un ejemplo cada uno de los tipos de barreras que se dan en la comunicación presencial y no presencial en los procesos comerciales.

9.3. Técnicas de comunicación no presenciales: la sonrisa telefónica

Hay razones psicológicas y fisiológicas que indican que **la sonrisa telefónica influye en el estado de ánimo.** La gesticulación que se realiza al sonreír modifica el tono de la voz, que el interlocutor percibe como cálida y cordial.

Es muy difícil sentirse alicaído si se está sonriendo, y esto influye de forma positiva en el cliente.

IMPORTANTE

El buen telefonista se reconoce por un cierto número de características, la mayoría de ellas están relacionadas con su personalidad, y otras se relacionan con la formación y la práctica.

El cliente se sentirá más seguro si la persona que lo atiende es amable y cercana.

Una vez conseguida la **atención inicial** por parte del cliente, hay que seguir manteniendo ese estado de ánimo que permitirá desarrollar la conversación con éxito. En este sentido, también es importante ser muy cuidadoso en la elección de las palabras, utilizando vocabulario sencillo y frases fáciles de entender.

TAREA 7

Has concertado una entrevista en la oficina de un cliente potencial para vender equipos informáticos.

- ¿Cuáles son las cualidades y actitudes que debe perfeccionar como vendedor para realizar esta acción comercial?
- ¿Y si la venta se realizara por teléfono?

9.4. La comunicación comercial escrita: cartas y documentación comercial escrita

La comunicación escrita es imprescindible en la vida comercial y, puede afirmarse, que sin este elemento no existirían ni los negocios ni las empresas.

NOTA

La comunicación escrita, a diferencia de la comunicación oral, no está sometida a los conceptos de espacio y tiempo. En ella el emisor confecciona un documento que posteriormente leerá el receptor o receptores del mensaje.

Los **documentos comerciales** son todos los comprobantes extendidos por escrito en los que se deja constancia de las operaciones que se realizan en la actividad mercantil.

Estos documentos son necesarios para llevar un adecuado **control de las acciones que se realizan en la empresa,** ya que permiten el control de las operaciones y la comprobación de asientos contables, constituyen el elemento fundamental para la contabilización de operaciones y son un medio para demostrar la realización de los actos de comercio.

Por otro lado, las **cartas comerciales** son aquellas cuyo contenido está relacionado con operaciones comerciales.

Su redacción tiene formas y modalidades completamente diferentes a las que se emplean en la correspondencia familiar o en la literaria.

Ejemplo de sobre comercial

Sus **características** son las siguientes:

- Clara: Permitirá su comprensión inmediata
- Precisa: Exactitud en la expresión
- Breve: Tan cortas como sea posible
- Sencilla: Utilización de palabras de uso cotidiano
- Propia: Uso de palabras adecuadas
- Correcta: Respetar signos y normas gramaticales

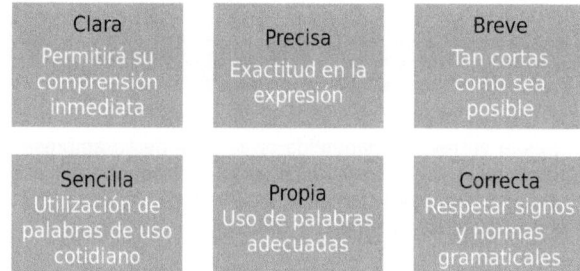

Como has visto, las cartas comerciales tienen unas características propias, que deben respetarse para que estas cumplan con la finalidad perseguida.

Observa este ejemplo de una carta comercial donde se resumen los aspectos comerciales generados en una reunión reciente con los clientes:

Estimado Sr. D. Carlos Martínez:

Tras la entrevista mantenida en la sede de su empresa el día 16 de septiembre de 2025 le hago llegar, junto con esta carta, nuestra propuesta comercial referente a la realización de un proyecto para el ajardinamiento de la Urbanización Altos de Los Montero.

En dicha propuesta podrá encontrar un epígrafe detallado indicando todas las especies vegetales que se van a utilizar, así como un diagrama de plazos para la realización de dicho proyecto de jardinería, ya que nos insistió en la importancia que ambos aspectos tenían para ustedes.

Aunque la propuesta es firme y están concretados la mayoría de aspectos, también hemos de indicarle que serían necesarias algunas reuniones adicionales para cerrar definitivamente todos los detalles.

Quedamos a su disposición para cualquier aspecto que desee comentar o aclarar.

Firma

TAREA 8

El restaurante Casa Pepa reparte a sus clientes habituales tarjetas de fidelidad que ofrecen bonificaciones a su titular cuando realizan compras en el establecimiento. Otra de las estrategias de fidelización que llevan a cabo es felicitar a sus clientes en navidad y en su cumpleaños, e informar de nuevas ofertas y cambios en el menú.

Elabora los escritos a utilizar en el restaurante Casa Pepa para llevar a cabo las estrategias de fidelización seleccionadas:

- Redacta una tarjeta de felicitación navideña para los socios del restaurante.
- Redacta un mensaje de texto personalizado para felicitar a un cliente concreto por su cumpleaños.
- Escribe un correo electrónico en el que se informe de nuevos cambios y ofertas en el menú del restaurante.

10. Resumen

Son muchas las variables que intervienen en la aplicación de técnicas de venta, tanto presencial como no presencial.

Uno de los principales **argumentos de la venta** que pueden utilizarse es la **presentación o demostración** del producto. Los productos pueden presentarse al consumidor de forma individual o como una combinación de sus tres formas: **bienes, servicios e ideas.**

Además, las presentaciones adquirirán unas características diferentes dependiendo del público al que va dirigido, a un pequeño o un gran número de clientes.

En cualquier caso, para que esta sea **eficaz** es necesario tener en cuenta una serie de **etapas** en su realización:

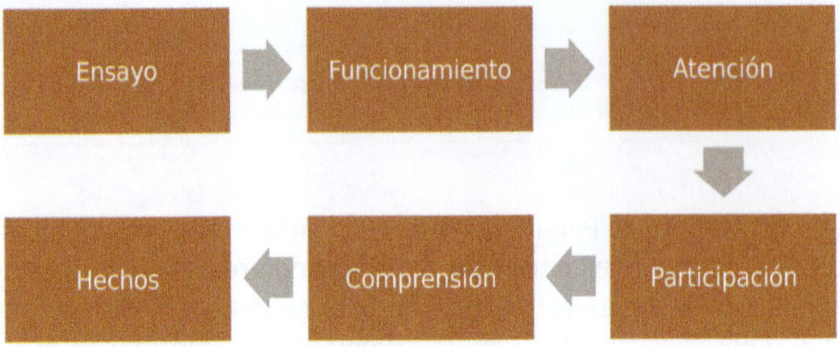

En el **diseño de la presentación** habrá que tener en cuenta una serie de criterios:

- Criterios para el diseño de presentaciones
- Mensaje claro y conciso
- Conseguir clientes fieles
- No sobrecargar la presentación
- Presentar sueños en vez de productos
- Regla de los 10 min
- Ensayar
- El gran momento

En la venta, se lleva a cabo un proceso de negociación, que el vendedor debe conseguir que sea exitoso. Para ello, es vital la **argumentación comercial,** que consiste en **hacer ver al cliente las diferencias entre sus productos y los de los competidores.**

En este proceso, el cliente puede plantear **objeciones.** Esto **implica interés** en lo que se está planteando al cliente, y es una señal inequívoca de que el cliente está interesado en el producto. En tal caso, el vendedor ya tiene una pista de la manera de pensar del cliente y se le presenta la oportunidad de poder aclararle esas dudas, usando las **técnicas adecuadas para refutar las objeciones,** en el momento adecuado.

Para la realización de las ventas existen multitud de técnicas, pero siguen usándose de igual modo las tradicionales, como las **técnicas de persuasión.**

Otra técnica utilizada es la **venta cruzada,** que es una estrategia de *marketing* mediante la cual **se proponen a los clientes ya existentes productos o servicios complementarios,** aprovechando cualquier comunicación formal. Tiene como objetivo maximizar las ventas y busca principalmente la fidelización del cliente.

Además de las técnicas de venta, un factor de gran importancia es la comunicación. Los comerciales deben aplicar **técnicas de comunicación** a la hora de vender los productos, ya sea de forma presencial o no presencial, superando las diferentes barreras de comunicación: físicas, psicológicas, fisiológicas y semánticas.

En este proceso, junto con la comunicación verbal, deben tener en cuenta los aspectos del **lenguaje no verbal,** así como la importancia de la **comunicación comercial escrita.**

Ejercicios de autoevaluación
Unidad de Aprendizaje 2

1. Identifica cuál de las siguientes características son propias de un servicio.

a. Son tangibles.
b. Generalmente son ofertas estándar.
c. Son difíciles de personalizar.
d. Suelen ser heterogéneos y variables.

2. Indica si las siguientes afirmaciones son verdaderas o falsas.

a. En la presentación a pocos interlocutores se suelen realizar más consultas que en las presentaciones a muchos interlocutores.

- Verdadero
- Falso

b. En la presentación a muchos interlocutores hay mayor posibilidad de compra y difusión que en la presentación a pocos interlocutores.

- Verdadero
- Falso

3. Determina cuál de los siguientes criterios debe considerarse en las presentaciones.

a. Como mínimo durarán diez minutos.
b. Deben lanzarse mensajes complejos.
c. Cada aspecto de la presentación debe prepararse concienzudamente.
d. Cuantos más gráficos se utilicen más visual será la presentación.

4. La argumentación que se centra en los servicios, la asistencia y la utilidad de los productos ofrecidos se denomina:

a. Argumentación técnica.
b. Argumentación comercial.
c. Argumentación física.
d. Argumentación publicitaria.

5. Relaciona los siguientes argumentos con sus características:

a. Argumentos de compra.
b. Argumentos de competencia.
c. Argumento de inferioridad.
d. Argumentos de superioridad.

_ Ponen de manifiesto la superioridad del cliente.
_ El cliente realiza una oferta.
_ Busca diferenciar el producto.
_ Ponen de manifiesto el prestigio de la empresa.

6. Indica si las siguientes afirmaciones son verdaderas o falsas.

a. La paráfrasis consiste en repetir la objeción para que parezca hipócrita o poco razonable y así tratar de suavizarla.

- Verdadero
- Falso

b. Las preguntas como reacción a las objeciones obligan a justificar las objeciones.

- Verdadero
- Falso

7. **Las que se realizan una vez que se ha cerrado la venta del producto principal, consistentes en productos gancho o de compra por impulso que completan o añaden valor al producto principal se denominan...**

    a. ... venta complementaria.
    b. ... venta sustitutiva.
    c. ... venta adicional.
    d. ... venta al por mayor.

8. **La capacidad de reconocer nuestros propios sentimientos y los sentimientos de los demás, y la capacidad de motivar y manejar las relaciones que mantenemos con nosotros mismos y los demás se denomina...**

    a. ... inteligencia emocional.
    b. ... empatía.
    c. ... asertividad.
    d. ... persuasión.

9. **Indica si las siguientes afirmaciones son verdaderas o falsas.**

    a. La técnica asertiva consistente en repetir de forma continua el punto de vista del vendedor se denomina técnica del disco rayado.

    - Verdadero
    - Falso

    b. La técnica asertiva consistente en crear dudas y poner al cliente en situación de desconcierto se denomina aserción negativa.

    - Verdadero
    - Falso

10. Relaciona cada gesto de comportamiento no verbal con su significado:

a. Entrelazar los dedos.
b. Mirar hacia abajo.
c. Brazos cruzados.
d. Golpear ligeramente los dedos.

_ Autoridad.
_ Impaciencia.
_ No creer en lo que se escucha.
_ Actitud defensiva.

Unidad de Aprendizaje 3

Seguimiento y fidelización de clientes

Contenido

1. Introducción
2. La confianza y las relaciones comerciales
3. Estrategias de fidelización
4. Externalización de las relaciones con los clientes: telemarketing
5. Aplicaciones de gestión de las relaciones con los clientes CRM "Customer Relationship Management"
6. Resumen

Objetivo

Los objetivos específicos de esta Unidad de Aprendizaje son:

→ Aplicar las técnicas adecuadas a la venta de productos y servicios a través de los diferentes canales de comunicación distintos a internet.

→ Aplicar procedimientos de seguimiento de clientes y control del servicio posventa.

1. Introducción

Las relaciones comerciales se basan en una **confianza no defraudada.** El buen comerciante sabe que un cliente descontento es un cliente perdido y, además, difundirá su malestar.

Para conseguir que la imagen corporativa de la empresa sea buena, la organización debe responder a las expectativas de los clientes para que no se sientan defraudados. La **fidelización del cliente se logra cuando se satisfacen sus necesidades.**

Para conseguir fidelizar a los clientes, las empresas hacen uso de diferentes herramientas, como pueden ser las tarjetas de puntos, las promociones o el *marketing* relacional.

Hay que tener en cuenta que las organizaciones necesitan asignar recursos para realizar las campañas de fidelización, y aunque algunas de ellas se dirijan de forma genérica a todos los clientes reales o potenciales de la empresa, otras solo se dirigirán a determinados clientes.

A lo largo de la unidad analizaremos el **sistema de fidelización de clientes del grupo LIMPISA, S. L.,** empresa líder en la comercialización y fabricación de maquinaria y productos de limpieza, con sede central en un polígono industrial a las afueras de Valladolid.

2. La confianza y las relaciones comerciales

HILO CONDUCTOR

Inmaculada Menéndez es la directora de *marketing* del grupo LIMPISA y conoce la importancia que reviste fidelizar a los clientes de la empresa. No obstante, ha realizado una investigación de mercado para verificar a qué clientes debe dirigir su campaña de fidelización, ya que puede no ser viable dedicar recursos a clientes con un bajo volumen de compras.

La fidelización de los clientes requiere de un proceso que parte de un conocimiento profundo de los mismos. La **investigación comercial** facilita información clave para adaptar el servicio al cliente concreto y gestionar el proceso para conseguir una alta satisfacción con el servicio prestado.

Partiendo de la información sobre los clientes, podemos agruparlos en función de su respuesta a las actividades de *marketing*. Realizamos una segmentación de los clientes formando grupos internamente lo más homogéneos posible.

Por tanto, tenemos que dirigir nuestras acciones en **retener a los clientes más rentables** y que se mantengan fieles a la empresa, realizando compras repetidas por mucho tiempo.

IMPORTANTE

La fidelización no trata de mantener a todos los clientes como consumidores durante años, aunque sería una primera aproximación. Se trata de mejorar la rentabilidad a largo plazo de la empresa, y generalmente esto implica eliminar a muchos de los clientes no rentables.

También hay que tener en cuenta que determinados clientes no rentables pueden atraer a muchos clientes rentables. Igualmente se debe contar con las relaciones personales que mantienen los clientes rentables con los clientes no rentables.

2.1. Fidelización de clientes: concepto y ventajas

La fidelización es el **mantenimiento de relaciones a largo plazo** con los clientes más rentables de la empresa, obteniendo una alta participación en sus compras.

El incremento de la competencia, las nuevas obligaciones legales y las crecientes exigencias de los consumidores, requieren de las empresas una sustancial atención a la satisfacción del consumidor y al proceso poscompra.

La fidelización implica mantener sólidos vínculos con los clientes.

Por tanto, evolucionamos de un *marketing* centrado en el corto plazo a un ***marketing* con un enfoque más estratégico.**

Entre las **razones que influyen en la fidelización** se encuentran:

- **Precio:** no es la razón fundamental para la fidelización, aunque juega un papel importante.
- **Calidad:** se aumenta la calidad del servicio que se ofrece a los clientes.
- **El valor percibido:** valor subjetivo que percibe el consumidor, que se emplea para seleccionar las ofertas.
- **Imagen:** el consumidor suele asignar a los productos o servicios diferentes rasgos de personalidad.
- **Confianza:** la credibilidad es uno de los aspectos fundamentales en la evaluación de alternativas por parte del consumidor.
- **Inercia:** los obstáculos a la salida del cliente o bien la comodidad, son una de las razones para mantenerse fiel a un servicio.
  Por ejemplo, las compañías de televisión digital son conscientes de que muchos clientes no se dan de baja por comodidad.
- **Conformidad con el grupo:** muchas compras se ven influidas por consideraciones sociales.
- **Evitar riesgos:** una vez que un cliente conoce un producto, cambiar a otro desconocido supone psicológicamente un riesgo.
- **No hay alternativas:** no existen en el mercado productos que puedan satisfacer esa necesidad concreta de los clientes.
- **Coste monetario del cambio:** a veces cambiar de proveedor puede suponer un coste directo.
  Por ejemplo, determinadas compañías telefónicas pueden cobrar penalizaciones si un cliente se da de baja antes del periodo acordado.
- **Coste no monetario:** el coste también puede ser psicológico, de tiempo y esfuerzo para realizar el cambio.

La decisión de inclusión de un cliente en el plan de fidelización se basa principalmente en el volumen de compras que realiza ese cliente y la viabilidad de asignar recursos a fidelizarlo para que siga realizando ese volumen de compras.

La fidelización representa **ventajas tanto para la empresa como para el cliente.**

Ventajas para el consumidor	Ventajas para la empresa
- **Reducción del riesgo al cambio.** Cuando un consumidor tiene que elegir entre varias alternativas tiene un cierto miedo a equivocarse. Por ejemplo, produce cierta ansiedad ir a un dentista que no se conoce. - **Recibe un servicio personalizado.** Por ejemplo, el peluquero al que vamos regularmente conoce nuestros gustos y se adapta mejor a ellos. - **Evita los costes del cambio.** Como vimos anteriormente, se pueden producir costes monetarios y no monetarios.	- **Facilita e incrementa las ventas.** Mantener clientes fieles facilita la venta de nuevos productos mediante las ventas cruzadas. - **Disminuye los costes de promoción.** Captar nuevos clientes es caro, es mucho más barato vender los productos a los clientes fieles. El mantener clientes fieles permite incrementar las ventas y lanzar nuevos productos con un coste de *marketing* reducido. - **Retención de empleados.** Mantener una base sólida de clientes favorece la estabilidad del negocio y, por tanto, la estabilidad laboral. - **Clientes menos sensibles al precio.** Los clientes satisfechos admiten un margen sobre el precio base del producto, sin que esto influya en sus compras. - **Los consumidores fieles actúan como prescriptores.** Uno de los aspectos más importantes de tener clientes fieles es el boca a boca, es decir, comunicarán a los clientes potenciales las bondades de la empresa.

TAREA 9

El gerente de *MS Marketing* quiere lanzar una campaña de fidelización de la clientela. Para ello, va a regalar cestas de navidad. Después de hacer una serie de cálculos se ha dado cuenta de que no es factible regalar las cestas a todos sus clientes, así que debe ser más selectivo.

Continúa en página siguiente >>

<< Viene de página anterior

Explica cuáles son los criterios que han de tenerse en cuenta para incluir a un cliente en el plan de fidelización de una empresa.

2.2. Relaciones con el cliente y calidad del servicio: clientes prescriptores

La calidad del servicio se consigue a través de todo el proceso de **compra, operación y evaluación de los servicios** que se entregan. La mejor estrategia para conseguir la lealtad de los clientes es evitarles sorpresas desagradables y sorprenderlos favorablemente para rebasar sus expectativas.

Se pueden diferenciar una serie de **etapas** por las que pasa el consumidor desde que no conoce la empresa hasta que se convierte en **prescriptor.**

A continuación, se definen las características de cada uno de estos clientes:

- **Cliente posible:** es un consumidor que seguramente no nos conoce pero se encuentra dentro de nuestro mercado.
- **Cliente potencial:** persona con las características adecuadas para adquirir nuestro producto o servicio.
- **Comprador:** ha realizado una operación puntual de compra.
- **Cliente eventual:** no somos su principal proveedor.
- **Cliente habitual:** nos compra de forma repetida, pero también compra a la competencia.
- **Cliente exclusivo:** solo nos compra a nosotros.
- **Prescriptor:** cliente convencido de las ventajas de nuestra oferta. Transmite a otros consumidores mensajes positivos de nuestra empresa.

2.3. Servicios posventa

La posventa es un servicio que las empresas ofrecen a sus clientes **una vez que estos realizan la compra.**

Desde hace años el comercio, la industria y el sector servicios, incluso entidades del sector primario han comprendido que el servicio posventa se ha vuelto imprescindible. No obstante, aunque a la mayoría de las acciones comerciales se les puede incluir un servicio posventa, en determinadas actividades no es necesario.

El servicio al cliente debe ofrecerse en todo momento, no solo durante el proceso de venta, sino también, después de haberse concretado esta. Además, el servicio posventa nos **da la posibilidad de mantener el contacto y alargar la relación con el cliente.**

De entre las **herramientas** útiles que se pueden utilizar para realizar el servicio posventa y medir su calidad, caben destacar las encuestas, los cuestionarios de calidad, llamadas telefónicas, cartas, entrevistas, etc.

De este modo se conocerán las **impresiones del cliente después de utilizar el producto,** nuevas necesidades o preferencias que darán un valioso *feedback* para conocerlo mejor.

Dentro del servicio posventa, existen diferentes **tipos:**

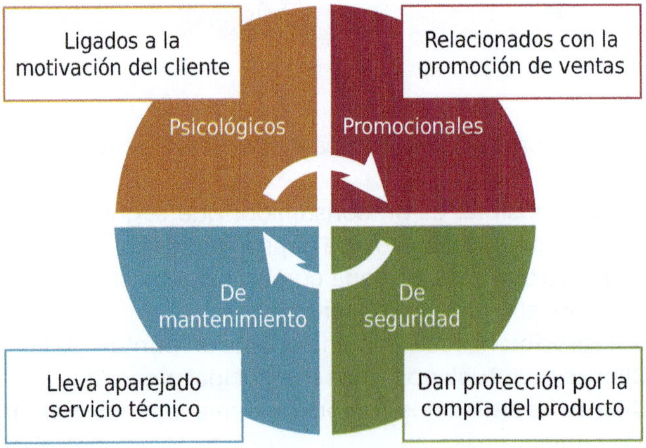

Ya has visto que pueden darse diferentes tipos de situaciones comerciales: en función del tipo de empresa, de los productos o servicios que ofrezca, del canal de venta, etc. Dependiendo de la situación será necesario o no incluir un sistema de seguimiento y servicio posventa.

EJEMPLO

Mientras que la compra de un ordenador portátil, por sus características, garantía, etc., debe contar con un buen servicio posventa, la compra de ropa interior, por cuestiones de higiene, no requiere de servicio posventa.

Fases del servicio posventa

En el servicio posventa, la empresa debe llevar a cabo una serie de acciones, desarrolladas por fases:

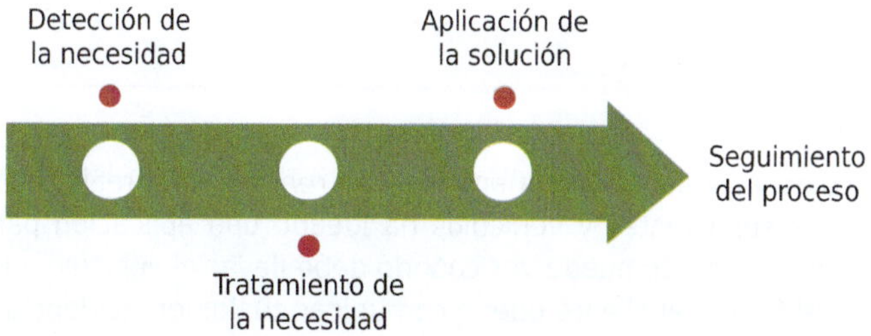

A continuación, se describirán cada una de estas fases:

- **Detección de necesidad/anomalía:** en la primera fase del servicio posventa, el cliente o la empresa detecta una necesidad o anomalía.
- **Tratamiento de la necesidad/incidencia:** posteriormente, la empresa someterá a estudio dicha necesidad o anomalía con el fin de buscar las posibles soluciones al problema.
- **Aplicación de la solución:** una vez encontrada la mejor solución, un agente del departamento correspondiente se pondrá en contacto con el cliente para solucionar el problema o comunicar al cliente que el problema se ha solucionado.

En el caso de que fuera la propia empresa la que tiene una necesidad, se reunirá al personal necesario para estudiar y solucionar esa necesidad.

- **Supervisión y seguimiento del proceso:** finalmente, se supervisará el proceso para comprobar que la incidencia se ha tratado correctamente.

ACTIVIDAD 1

1. A continuación, se presentan una serie de situaciones comerciales, ¿en cuáles de ellas sería necesario incluir un sistema de seguimiento y servicio posventa?

    a. Contratación de un seguro de automóvil.
    b. Compra de un lápiz en una papelería.
    c. Adquisición de un vehículo mediante *renting*.
    d. Compra de un vehículo de ocasión a un particular.

TAREA 10

Vehículos Montalbán es una empresa de *renting*. Para realizar el seguimiento de todos sus clientes y vehículos ha ideado una aplicación para el teléfono en la que el cliente puede ver cuándo debe llevar el vehículo a las revisiones. De igual forma, el cliente puede comunicar cualquier incidencia a la empresa mediante esta aplicación.

- ¿Qué significado e importancia cree que tiene la implantación del servicio posventa en los procesos comerciales de esta empresa?
- Describe las fases del proceso, diseñando y explicando el procedimiento que debe seguir la empresa desde que se detecta una incidencia hasta que se soluciona.
- Describe cuáles son las posibles claves que pueden provocar incidencias en este caso, determinando qué departamento de la empresa es responsable de su subsanación, y las acciones que realizarían para solucionar la incidencia y garantizar un servicio de calidad.

3. Estrategias de fidelización

HILO CONDUCTOR

La fidelización de los clientes de la empresa es tarea de todos los individuos de la organización, es por ello que Inmaculada necesita seleccionar y comunicar a todos los integrantes de la empresa las diferentes estrategias que utilizará la organización para mantener las relaciones comerciales con los clientes.

¿Qué estrategias se utilizarán regularmente en el mundo empresarial?

Muchas empresas descuidan la fidelización del cliente y se concentran más en captar nuevos clientes, lo que suele ser un error, ya que retener un cliente suele ser más rentable que captar uno nuevo, puesto que genera menores costes de *marketing* y administración.

Entre las **estrategias que se suelen usar para fidelizar a los clientes** se encuentran:

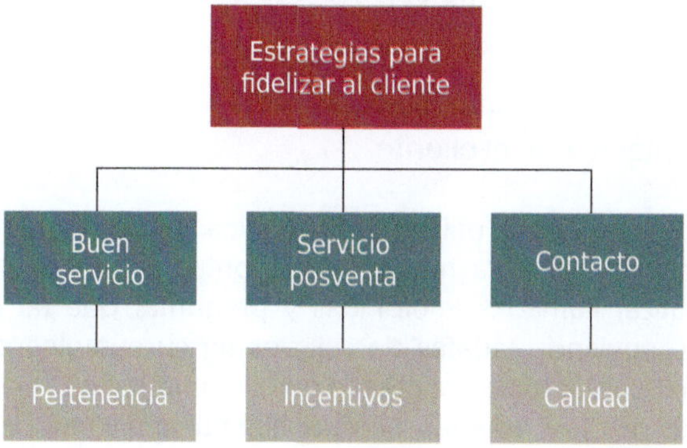

Brindar un buen servicio al cliente

Hay que prestar atención al cliente con un trato amable y en un ambiente agradable, hacerlo sentir importante y que se encuentre más que satisfecho con nuestra atención. Esto nos permitirá ganar su confianza, que vuelva a visitarnos y que probablemente nos recomiende.

Buscar un sentimiento de pertenencia

Con esto se persigue que los clientes se sientan parte de la empresa. Se puede conseguir haciéndoles participar en las mejoras de la empresa o haciéndoles sentir útiles para esta, por ejemplo, pidiéndole sus comentarios o sugerencias.

También se puede crear la posibilidad de que el cliente se pueda suscribir o ser miembro de la empresa, por ejemplo, otorgándoles carnés de socio, tarjetas VIP, etc.

Ofrecer servicios posventa

Consiste en ofrecer servicios posteriores a la venta, tales como instalar el producto, mantenimiento, garantía, etc. El servicio posventa tiene un fin similar a prestar un buen servicio al cliente; pero además nos permite mantener el contacto con él después de haberse realizado la venta.

Usar incentivos

Otra forma de fidelizar al cliente es haciendo uso de incentivos o promociones que tengan como objetivo que el cliente repita la compra o vuelva a visitarnos.

Mantener contacto con el cliente

El primer paso para utilizar esta técnica es conseguir los datos personales del cliente para mantener el contacto con él. Se podrán utilizar para realizar llamadas telefónicas y preguntar qué tal le va con el producto, o enviando tarjetas de saludos en su cumpleaños o festividades. Mantener contacto con el cliente nos permite hacerle sentir que nos preocupamos por él y, además, nos permite hacerle saber de nuestros nuevos productos y ofertas.

Ofrecer un producto o servicio de calidad

La mejor manera de fidelizar un cliente es ofreciendo un producto o servicio de buena calidad.

3.1. *Marketing* internacional

Según **Manuel Alfaro,** el *marketing* relacional se define como:

Un esfuerzo integrado para identificar y mantener una red de clientes, con el objetivo de reforzarla continuamente en beneficio de ambas partes, mediante contactos e interacciones individualizadas que generan valor a lo largo del tiempo.

Se pueden distinguir una serie de elementos clave en el *marketing* relacional como son:

- Interés en conservar los clientes: el *marketing* relacional se basa en la confianza y el establecimiento de vínculos estrechos con clientes, proveedores, empleados, socios, etc.
- Resaltar los beneficios que pueden obtener los consumidores: se trata de establecer contactos frecuentes y beneficiosos para las dos partes.
- Visión a largo plazo: el establecimiento de una cooperación a largo plazo beneficiosa, basada en la confianza y en el establecimiento de vínculos estrechos.
- La calidad debe preocupar a todos los miembros de la organización y se presta respondiendo a unas especificaciones establecidas. Se personaliza el servicio para aportar mayor valor al cliente.

El *marketing* relacional requiere de un proceso de planificación con una serie de **etapas fundamentales:**

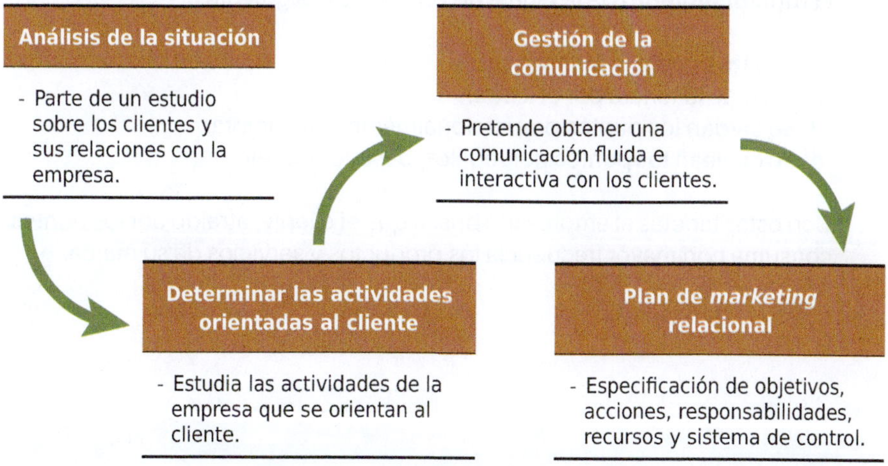
Análisis de la situación
- Parte de un estudio sobre los clientes y sus relaciones con la empresa.
Determinar las actividades orientadas al cliente
- Estudia las actividades de la empresa que se orientan al cliente.
Gestión de la comunicación
- Pretende obtener una comunicación fluida e interactiva con los clientes.
Plan de marketing relacional
- Especificación de objetivos, acciones, responsabilidades, recursos y sistema de control.

3.2. Tarjeta de puntos

La tarjeta de puntos o fidelidad es el soporte físico de programas que **ofrecen bonificaciones a su titular** cuando este consume productos de la empresa emisora de la tarjeta.

Estos beneficios están diseñados especialmente para sus titulares, y se otorgan cuando el cliente las usa en los establecimientos afiliados que participan en el programa.

Se trata de una tarjeta que suele ser electrónica, emitida por determinadas empresas que la entregan gratuitamente a sus clientes y **que permiten a los usuarios la acumulación de puntos en función de los consumos realizados** en los establecimientos del emisor.

Tarjeta de puntos o fidelidad

El **funcionamiento** de la tarjeta de puntos es el siguiente:

1. Realización de la compra.
2. Paso de la tarjeta por el lector.
3. Se cargan los puntos proporcionalmente a la compra.
4. Se canjean los puntos por regalos, descuentos, etc.

Con estas tarjetas el empresario busca que el cliente, atraído por los puntos, consuma con mayor frecuencia los productos y servicios de su marca.

EJEMPLO

Un ejemplo de tarjetas de fidelización son las lanzadas por empresas de distribución de carburantes o empresas de transporte de pasajeros.

3.3. Promociones

La promoción de ventas es el **conjunto de actividades de corta duración** dirigidas a los consumidores, intermediarios, prescriptores o vendedores que, mediante incentivos económicos o la realización de actividades específicas, tratan de aumentar las ventas a corto plazo.

Las promociones son incentivos de corta duración. (© Fotografía: Digital Photo / Shutterstock.com)

Hay que tener en cuenta que **las promociones tienen un efecto negativo a largo plazo** sobre la fidelidad de la marca.

Existen múltiples **herramientas de promoción de ventas** que presentan diferentes características y adaptación a la consecución de objetivos.

SABÍAS QUE...

Las herramientas de promoción de ventas varían en sus objetivos específicos. Una muestra gratuita estimula la prueba de consumo, mientras que un servicio gratuito de asesoramiento para la gestión crea una relación sólida a largo plazo con el detallista.

Philip Kotler

Cuando se planifica la promoción se debe tener en cuenta el tipo de mercado a la que se dirige, sus objetivos, las condiciones competitivas y el coste real de cada herramienta.

Los elementos que se pueden utilizar en las promociones son los siguientes:

Muestras gratuitas	Cupones	Regalos
- Se suelen utilizar en productos nuevos o poco conocidos.	- Se usan para fomentar la prueba de un producto, incrementar la venta minorista, aumentar las ventas, fidelizar al cliente, etc.	- Aumentan el valor de lo que se promociona.

Factores que influyen en las promociones

Las empresas están aumentando sus inversiones dirigidas a las promociones de ventas.

Los **factores que influyen en el incremento de las promociones** son los siguientes:

- **Efectividad de agencias de *marketing* promocional:** la actual profesionalización de las agencias de *marketing* promocional, que permiten al anunciante medir y evaluar los resultados, corregir desviaciones y rectificar cuando es necesario.

- **Saturación publicitaria:** la saturación publicitaria, sus altos costes y los controles y limitaciones legales a los que se enfrenta la publicidad.
- **Restricciones impuestas a ciertos productos:** las restricciones que se imponen a ciertos productos, como las bebidas alcohólicas y el tabaco.
- **Incremento de resultados a corto plazo:** la exigencia a los ejecutivos de conseguir resultados a corto plazo y para objetivos concretos.
- **Presión y distribución de la fuerza de ventas:** la presión de la distribución y la fuerza de ventas.
- **Incremento de la competencia:** la pequeña diferencia percibida entre las marcas y el incremento en el número de marcas competidoras. Además, el segmento de consumidores no fieles ha aumentado con el tiempo.
- **Eficacia:** las empresas han aprendido a utilizar las promociones y comprueban su eficacia.
- **Aceptación del consumidor:** los consumidores aceptan en general las promociones y las entienden como un instrumento comercial que no tiene que implicar engaño.

Se debe tener en cuenta que las promociones influyen directamente en la imagen del producto, por lo que resulta imprescindible analizar el impacto que produce, y procurar obtener un efecto positivo o neutro.

Para que la promoción resulte exitosa deben tenerse en cuenta una serie de **factores que influyen en su eficacia:**

Debe ser conocida por el público
- Las investigaciones demuestran la importancia de coordinar las promociones con la publicidad para, de forma conjunta, incrementar la eficacia.

Debe ser comprendida
- Las promociones complicadas, cuyo funcionamiento los consumidores no comprenden bien, no suelen ser eficaces.

Debe ser alcanzable
- Las promociones son más eficaces cuando el consumidor las percibe como creíbles y con suficientes garantías para obtener el resultado esperado.

Debe incentivar
- El consumidor debe percibir la oferta como valiosa y suficientemente significativa como para influir en su decisión.

TAREA 11

El gerente de *MS Marketing* quiere lanzar una campaña de fidelización de la clientela, sabe cuánto dinero va a invertir y a cuáles de sus clientes incluirá en la campaña, pero no conoce los procedimientos ni factores que influyen en el diseño de su campaña.

¿Qué técnicas básicas de fidelización de clientes deberá tener en cuenta el gerente?

Describe dichas técnicas, cuál es la finalidad que se persigue con la fidelización, y las causas racionales y emocionales que intervienen en el proceso.

4. Externalización de las relaciones con los clientes: *telemarketing*

HILO CONDUCTOR

Dado el crecimiento que está experimentando en los últimos años el grupo LIMPISA, sus gerentes han decidido externalizar parte del proceso de atención al cliente. ¿Cuáles serán las ventajas e inconvenientes de esta decisión?

El *telemarketing* hace referencia a la relación que la empresa mantiene telefónicamente con sus clientes. Por medio del teléfono, la empresa puede llegar a alcanzar los objetivos planteados, comunicar la imagen deseada y realizar el servicio posventa; también es una herramienta eficaz para **conocer el grado de satisfacción de los clientes.**

El telemarketing es un valioso instrumento de ventas.

La **externalización de las relaciones con los clientes** consiste en elaborar contrataciones externas de telefonistas en empresas que coordinan de una forma óptima la actividad profesional de sus clientes. Esto presenta una serie de **ventajas e inconvenientes.**

Ventajas	Inconvenientes
- Mayor especialización. - Mayor objetividad. - Mayor flexibilidad metodológica. - Inversiones concretas para objetivos concretos.	- Falta de conocimiento de la empresa. - Costes elevados. - Menor control en la gestión y resultados.

En todo caso, cuando la empresa realice campañas de *telemarketing* de manera puntual, por economía de recursos, lo normal será recurrir a servicios externos de *telemarketing.*

ACTIVIDAD COMPLEMENTARIA

1. Realiza una búsqueda de información sobre las empresas de *telemarketing* y analiza otras posibles ventajas e inconvenientes que pueden derivar de su contratación para mantener las relaciones con los clientes.

5. Aplicaciones de gestión de las relaciones con los clientes CRM *"Customer Relationship Management"*

☞ HILO CONDUCTOR

Para controlar la calidad del servicio de atención al cliente, conseguir fidelizar a los clientes y, en definitiva, disponer de más información sobre el entorno en el que opera la empresa, Inmaculada Menéndez ha decidido implantar un sistema CRM en la LIMPISA.

De esta forma tendrá un mayor control sobre los clientes, sus gustos, motivo de sus llamadas, etc., información que le permitirá adaptar las campañas de fidelización a sus clientes, además de controlar su efectividad.

Uno de los objetivos básicos del CRM es la **retención de clientes por el mayor tiempo posible** y lograr con ellos el **mayor volumen de negocios.** La cartera de clientes no es estática, tiene un flujo de entrada y otro de salida.

Lo primero que tiene que hacer un gerente de CRM es **clasificar a los diversos grupos de clientes** que integran su cartera, considerando que cada mercado tiene sus peculiaridades. En líneas generales la clasificación podría ser la siguiente.

Niños
No todos los clientes con pocas experiencias de compra se quedarán en el negocio más de un año.

Adolescentes
Es un grupo de clientes que ya conoce el negocio, normalmente están constituidos por clientes con más de un año y menos de dos años de antigüedad.

Continúa en página siguiente >>

<< Viene de página anterior

Maduros
Es el grupo más valioso, compran habitualmente y conocen los beneficios de comprar en ese establecimiento.

Veteranos
Este grupo continúa comprando en la empresa, tal vez un poco menos que el grupo anterior, y en algún otro momento se irán.

Es responsabilidad del gerente de *marketing* que **el flujo sea sano,** considerándose así cuando una gran cantidad de clientes nuevos migran hacia la "adolescencia", los adolescentes hacia la madurez y un grupo menos significativo hacia la vejez. Se debe lograr que los clientes que salen sean compensados por más clientes de calidad.

El CRM es una herramienta muy eficaz para medir la calidad de los productos o servicios que ofrece la empresa, ya que en sus bases de datos se recogen las consultas que realizan los clientes.

IMPORTANTE

La parte fundamental de toda estrategia CRM es la base de datos.

TAREA 12

Parte de la estrategia de fidelización que se llevaba a cabo en *MS Marketing* ha consistido en implantar en la empresa un servicio posventa. Ahora, su gerente quiere conocer la calidad del servicio.

¿Qué métodos y técnicas puede usar para medir la calidad del servicio posventa? Describe dichos métodos.

6. Resumen

En los procesos comerciales es importante fomentar la confianza entre el cliente y el vendedor, de forma que se mantengan las relaciones comerciales con los clientes más rentables a largo plazo, obteniendo una alta participación en sus compras. Para ello, se aplicarán **técnicas de seguimiento y fidelización de clientes.**

La fidelización supone muchas **ventajas,** tanto para la empresa como para el consumidor:

Ventajas para la empresa	Ventajas para el consumidor
Facilita e incrementa las ventas.	Reducción del riesgo al cambio.
Disminuye los costes de promoción.	Recibe un servicio personalizado.
Retención de empleados.	Evita los costes del cambio.
Clientes menos sensibles al precio.	
Los consumidores fieles actúan como prescriptores.	

Durante este proceso de fidelización, el cliente va pasando por una serie de **etapas:**

Entre las diferentes estrategias que suelen usar las empresas para fidelizar a los clientes, se encuentran el ***marketing* relacional** y las **tarjetas de puntos,** entre otras.

En este sentido, es muy importante implantar en las empresas un **servicio posventa,** pues con este se consigue mantener la relación con el cliente después de que se realice la venta; esto es esencial para fidelizarlo.

Esta relación con el cliente también puede mantenerse de forma telefónica, mediante el ***telemarketing.***

Una de las herramientas que se utilizan para medir la calidad de los productos o servicios que ofrece la empresa y que permite actuar para retener a los clientes por el mayor tiempo posible y lograr con ellos el mayor volumen de negocios es el **CRM** (gestión de las relaciones con el cliente). La parte fundamental de toda estrategia CRM es la **base de datos.**

Ejercicios de autoevaluación Unidad de Aprendizaje 3

1. **Indica si las siguientes afirmaciones son verdaderas o falsas.**

    a. La fidelización de los clientes requiere un proceso que parte de un profundo conocimiento de los mismos.

    - Verdadero
    - Falso

    b. La empresa debe enfocar sus esfuerzos en retener a todos los tipos de clientes.

    - Verdadero
    - Falso

2. **De las razones que influyen en la fidelización, el precio...**

    a. ... es el valor que se emplea para seleccionar ofertas.
    b. ... no es la razón fundamental para la fidelización, aunque juega un papel fundamental.
    c. ... es la comodidad de un cliente a permanecer fiel a un producto.
    d. ... es la calidad que percibe el consumidor.

3. **Ordena las etapas por las que pasa un cliente desde que no conoce la empresa hasta que se convierte en prescriptor.**

    _ Cliente exclusivo.
    _ Cliente potencial.
    _ Comprador.
    _ Cliente habitual.
    _ Cliente posible.
    _ Cliente eventual.
    _ Prescriptor.

4. **Relaciona cada servicio posventa con sus características.**

a. Psicológico.
b. De seguridad.
c. Promocional.
d. De mantenimiento.

__ Relacionado con la promoción de ventas.
__ Lleva aparejado el servicio técnico.
__ Dan protección por la compra del producto.
__ Ligados a la motivación del cliente.

5. **Ordena las fases del servicio posventa.**

__ Detección de una necesidad.
__ Aplicación de la solución.
__ Seguimiento del proceso.
__ Tratamiento de la necesidad.

6. **En las promociones, los elementos que aumentan el valor de lo que se promociona se denominan:**

a. Regalos
b. Tarjetas de puntos
c. Cupones
d. Muestras gratuitas

7. **¿Cuál de los siguientes elementos se considera un inconveniente de la externalización de las relaciones con los clientes?**

a. Menor flexibilidad metodológica.
b. Realización de inversiones concretas para objetivos concretos.
c. Menor control en la gestión de resultados.
d. Menor especialización.

8. Indica si las siguientes afirmaciones son verdaderas o falsas.

a. Uno de los objetivos básicos del CRM es la retención de clientes por el mayor tiempo posible y lograr con ellos el mayor volumen de negocios.

- Verdadero
- Falso

b. El CRM es una herramienta muy eficaz para medir la calidad de los productos o servicios que ofrece la empresa.

- Verdadero
- Falso

9. Los clientes que compran habitualmente y conocen los beneficios de comprar en un establecimiento se denominan:

a. Clientes maduros
b. Clientes adolescentes
c. Clientes veteranos
d. Niños

Unidad de Aprendizaje 4

Resolución de conflictos y reclamaciones propios de la venta

Contenido

1. Introducción
2. Conflictos y reclamaciones en la venta
3. Gestión de quejas y reclamaciones
4. Resolución de reclamaciones
5. Resumen

Objetivos

El objetivo específico de esta Unidad de Aprendizaje es:

- → Aplicar las técnicas de resolución de conflictos y reclamaciones siguiendo criterios y procedimientos establecidos.

1. Introducción

El gran reto que tiene hoy en día el *marketing* es conseguir que el **cliente** se sienta **satisfecho** y con sus **necesidades cubiertas,** pero debido tanto a la dinámica social y cultural que tiene la empresa actual como a la llegada de las nuevas tecnologías, esta está obligada a imprimir cambios en su filosofía y modo de hacer. Esto significa potenciar dentro de la compañía una "cultura cliente", para lo que precisa contar con un **personal en actitud positiva,** con un gran sentido de la **responsabilidad** y con **formación** suficiente para poder comunicar a los clientes todos los intangibles que lleva consigo la palabra servicio o producto. Esta actitud conlleva también una óptima resolución de conflictos y reclamaciones propias de la venta que veremos a continuación.

Aunque las palabras queja y reclamación tengan una connotación negativa, la empresa debe considerarlas como una oportunidad para mejorar, ya que si se tratan de una forma rápida y eficiente, esos clientes se convertirán en clientes leales a la empresa.

Dicho esto, a lo largo de la unidad analizaremos la política de gestión de reclamaciones del grupo empresarial LIMPISA, S. L., empresa líder en la comercialización y fabricación de maquinaria y productos de limpieza, con sede central en un polígono industrial a las afueras de Valladolid.

2. Conflictos y reclamaciones en la venta

HILO CONDUCTOR

El señor Martínez es el director del departamento de atención al cliente de LIMPISA. Dadas las dimensiones de la empresa, diariamente se atienden varias quejas y reclamaciones de clientes insatisfechos, es por eso que Martínez considera esencial que todas las personas en contacto directo con los clientes de la empresa tengan unas nociones básicas para resolver estas incidencias.

Dentro de las relaciones de los consumidores y usuarios con los empresarios pueden producirse conflictos, esto puede dar lugar a que se produzcan reclamaciones o denuncias, mediante las cuales el consumidor pone en conocimiento de la administración de consumo un hecho que puede suponer una vulneración de las normas de protección del consumidor.

Un cliente insatisfecho o que ha visto defraudadas sus expectativas **supone un coste en términos de imagen y confianza** para la empresa. En estos casos se tiene que actuar con agilidad, intentando recuperar en el menor plazo de tiempo posible la pérdida de credibilidad.

Para que una queja o reclamación sea válida, las partes en conflicto deben tener el carácter de empresario y consumidor, además el conflicto debe derivarse de una relación de consumo.

Las **principales vías de reclamación** son:

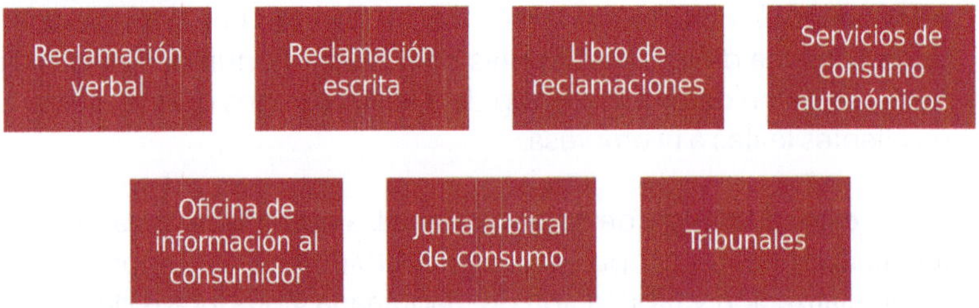

A continuación, se describe cada una de ellas:

- **Reclamación verbal:** se realiza de manera directa ante el prestador del servicio.
- **Reclamación escrita:** es la presentación escrita de la queja al comerciante, con ello pretendemos ponerle solución sin que sea necesaria la intervención de un organismo mediador.
- **Libro de reclamaciones:** en ellos se especifica cómo rellenarlos y a quién presentarlos.
- **Servicios de consumo autonómicos:** trata de arreglar de forma amistosa y dialogada los conflictos.
- **OMIC:** es un organismo municipal donde asesoran sobre los pasos a seguir ante una reclamación.
- **Juntas arbitrales de consumo:** es una posibilidad gratuita y rápida de llegar a acuerdos. Los comercios y empresas podrán adherirse libremente y aceptarán un compromiso a través del cual aceptan voluntariamente resolver todos los conflictos con consumidores que se presenten.
- **Los tribunales:** llevan obligatoriamente todos los casos en los que haya intoxicación, lesiones, muerte o indicio de delito. También se pueden

resolver las reclamaciones ordinarias por este método, aunque se debe tener en cuenta que pueden acarrear gastos jurídicos.

A continuación, se indican una serie de **pautas útiles para prever conflictos** en las organizaciones.

- Los empleados deben recibir formación acerca del tratamiento de las quejas.
- Se cumplirá con todos los requisitos para el tratamiento de las quejas que determine la organización.
- Se tratará cortésmente a los clientes y sus quejas se responderán rápidamente.
- Los responsables del tratamiento de las quejas de los clientes deben demostrar buenas habilidades interpersonales y de comunicación.

NOTA

En la norma ISO 10002:2018 se aborda la gestión de la calidad, la satisfacción del cliente y se dan directrices para el tratamiento de las quejas en las organizaciones.

TAREA 13

Manuel acaba de comprar un coche nuevo en un concesionario de su localidad, ha estado usándolo durante un mes y lo ha tenido que llevar al concesionario por una avería.

En el concesionario se sigue el procedimiento de actuación frente a quejas, actúan de forma rápida y amable y le comunican a Manuel que no hay ningún tipo de inconveniente, ya que la garantía se hace cargo de la reparación.

Esta actuación por parte del empleado es el resultado de un reciente curso de formación al que han asistido todos los trabajadores del concesionario, cuyo objetivo era mejorar las habilidades del personal en el trato con el cliente.

Identifica cuáles han sido las actuaciones llevadas a cabo por el concesionario para prevenir conflictos con los clientes.

2.1. Tipología: quejas y reclamaciones

Una reclamación es una manifestación escrita de una queja, por medio de la cual un consumidor o usuario pone en conocimiento del comercio que le ha vendido el bien o prestado el servicio, un prejuicio causado por una mala práctica realizada por esta y por la que se pretende su reparación o resarcimiento del daño sufrido.

La reclamación debe ser contestada por la empresa por escrito razonado.

Como norma general, todas las empresas deben contestar por escrito, de forma razonada a las quejas y reclamaciones de los consumidores y usuarios.

En caso de no llegar a buen término, se puede formular una **hoja de reclamación,** que está dirigida a los servicios de consumo de la localidad, quienes abrirán un expediente informativo al comercio, que podrá terminar (o no) en un expediente sancionador.

En definitiva las quejas y reclamaciones surgen por desviaciones entre lo que los clientes esperan recibir y lo que reciben. Pueden estar motivadas por diversas **causas;** las más comunes son las siguientes:

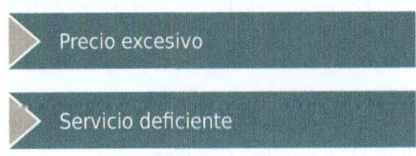

- Precio excesivo
- Servicio deficiente

Continúa en página siguiente >>

<< Viene de página anterior

- Factores técnicos
- Calidad inferior a la esperada
- Mal servicio de atención al cliente

Para tratar las quejas y reclamaciones es necesario que el personal de la empresa actúe de acuerdo a una serie de recomendaciones:

- Escuchar al cliente: el cliente debe sentir que la empresa se preocupa por su problema.
- Agradecer la manifestación de la queja: debemos tener en cuenta que a la empresa se le está ofreciendo la posibilidad de corregir los errores cometidos.
- Disculparse por el error: independientemente de si la queja está o no justificada.
- Asegurar que se emprenderán acciones para subsanarlo: la empresa debe asegurar al cliente que se emprenderán las acciones que sean necesarias para solucionar el problema, explicando qué se puede hacer para subsanar el problema.
- Conseguir información: solicitar al cliente información relevante sobre la queja.
- Mantener informado al cliente: el responsable que esté a cargo de la reclamación debe informar al cliente sobre la evolución de la resolución del problema.
- Corregir el error lo antes posible: se deben aportar soluciones de forma inmediata.
- Averiguar el grado de satisfacción del cliente: una vez solucionado el problema, es necesario conocer el grado de satisfacción del cliente.
- Prevenir errores futuros: es necesario hacer un análisis sobre las quejas y reclamaciones a fin de que no vuelvan a producirse.

TAREA 14

Pedro y Patricia han contratado un viaje a Holanda con una agencia de viajes de su localidad. Cuando la pareja llega al hotel se percata de que sus instalaciones no son las que se habían acordado con la agencia. Indignados, se dirigen a recepción para comunicar su queja al personal de hotel.

¿Qué causas han motivado la queja de Patricia y Pedro?

¿Cuál debe ser la actuación del responsable ante la queja de los clientes? ¿Qué técnicas deben utilizar?

2.2. Diferencias y consecuencias

Las quejas o reclamaciones de los clientes deben ser recibidas por la empresa como una fuente de información que se debe utilizar para mejorar la calidad de los productos o servicios que ofrece la empresa, y conseguir así adaptarse mejor a las necesidades de los clientes.

La reclamación se diferencia de la queja en que se pide alguna compensación.

Las quejas de los clientes son un **indicador habitual de una baja satisfacción del cliente,** pero la ausencia de las mismas no implica necesariamente una elevada satisfacción del cliente.

2.3. Las quejas y reclamaciones desde el punto de vista del cliente

El primer paso que se debe dar antes de proceder a reclamar es **transmitir la queja a la empresa por escrito.** Si no se llega a un acuerdo con la empresa, existen varias opciones y organismos a los que dirigirse, como los **organismos de protección del consumidor u organizaciones de consumidores.**

A continuación, se muestra el esquema de las diferentes opciones:

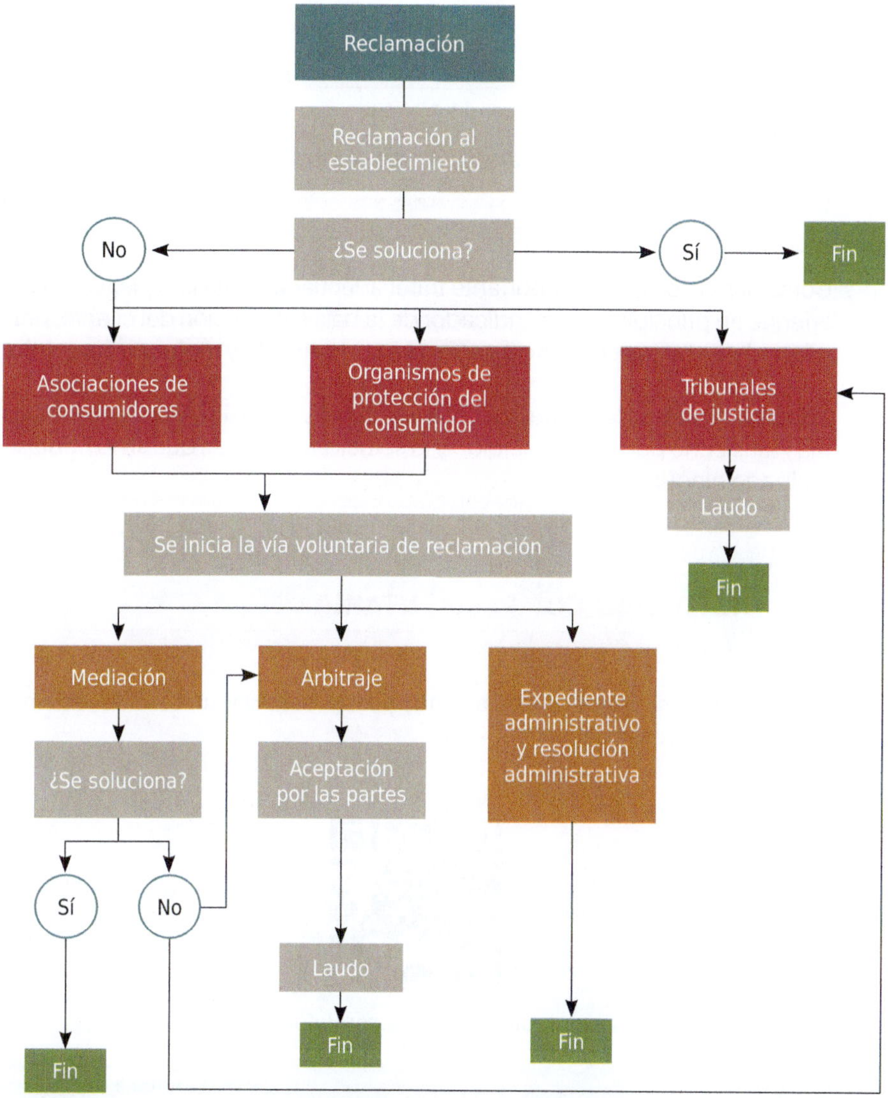

Una de las organizaciones a las que pueden dirigirse los consumidores es la **Oficina Municipal de Información al Consumidor,** que tiene las siguientes **funciones:**

1. Proporcionar asesoramiento sobre la reclamación.
2. Informa sobre los derechos del consumidor.
3. Media entre el consumidor y la empresa para la resolución de reclamaciones.
4. Remisión de quejas al sistema arbitral de consumo.

NOTA

La adhesión de las empresas al sistema arbitral de consumo es voluntaria.

Como has visto, es muy importante tratar adecuadamente las quejas, ya que aunque en principio son un indicador de la baja satisfacción del cliente, **permiten detectar los errores que se están cometiendo y mejorar el servicio.**

Además, si se les da un tratamiento adecuado, el cliente quedará incluso más satisfecho por el trato recibido y la solución adoptada que si no hubiese realizado ninguna queja.

ACTIVIDAD COMPLEMENTARIA

1. Visualiza el siguiente vídeo en el que podrás observar un caso de reclamación de un consumidor.

https://redirectoronline.com/uf00310401

Continúa en página siguiente >>

<< Viene de página anterior

¿Qué pautas verbales y no verbales debería haber adoptado el profesional del servicio de atención al cliente que aparece en el vídeo?

TAREA 15

Manuel y Julia han contratado un viaje a Francia con una agencia de viajes de su localidad. Cuando la pareja llega al hotel se percata de que sus instalaciones no son las que se habían acordado con la agencia, así que se dirigen a recepción para comunicar su queja al personal de hotel.

La persona que les atiende les indica que esas son las instalaciones disponibles y lo que a ella le consta en sus registros que tienen contratado, así que no puede hacer nada. Indignados, deciden poner una reclamación... ¿qué procedimiento debe seguirse en tal caso, hasta llegar a su resolución?

3. Gestión de quejas y reclamaciones

HILO CONDUCTOR

El señor Martínez, responsable de atención al cliente del grupo LIMPISA, conoce la importancia que tiene la rápida resolución de las quejas y reclamaciones de los clientes.

Es por ello que se asegura de que el personal de la empresa conozca cuál es la documentación necesaria para cumplimentar las quejas y reclamaciones de los clientes, ya que los empleados deberán actuar como asesores de los clientes en todo momento, consiguiendo así transformar la negatividad de la reclamación en lealtad del cliente hacia la empresa.

Un factor clave del éxito empresarial es tratar las quejas y reclamaciones de forma rápida y efectiva, ya que los clientes a los que se les resuelven los problemas con prontitud y eficiencia tienden a ser más leales que los que nunca han tenido un problema con la empresa.

Los empleados asesorarán a los clientes para cumplimentar las hojas de quejas/reclamaciones.

NOTA

Cada empresa puede tener un plan de acción distinto para solucionar las quejas y reclamaciones de los clientes, este dependerá mayormente de la política de gestión de reclamaciones de la empresa.

3.1. Normativa de protección al consumidor

En el caso de que se decida interponer una reclamación ante las administraciones de consumo competentes y lograr que la pretensión se vea satisfecha, los consumidores deben dirigirse bien a la **Oficina Municipal de Información al Consumidor** (OMIC) de su localidad o la **Dirección General de Consumo** de su comunidad autónoma. La actuación de estas Administraciones se inicia con una mediación con la empresa, con la que el consumidor mantiene una controversia con el fin de allanar posiciones de forma que se logre el resultado más satisfactorio para ambas partes.

En muchas de estas oficinas se puede encontrar un modelo de formulario, que orientará sobre cómo efectuar la reclamación, aunque bastará con que se exponga de forma clara lo que se pretende y se identifique, tanto a la empresa reclamada como al consumidor mismo, sin sujeción a ninguna formalidad.

Igualmente, por imperativo legal, los establecimientos deben tener a su disposición un **modelo específico de hoja de reclamaciones o cualquier otro sistema que permita al usuario o consumidor tramitarlas, como una dirección postal o electrónica.** Este instrumento permite a los consumidores y usuarios gestionar la reclamación desde la empresa en la que se interpone, sin que esto sea obstáculo para presentar la reclamación ante las administraciones de consumo.

NOTA

A través de estos servicios de las administraciones de consumo, se puede recibir una información adecuada sobre los derechos que asisten al consumidor, las posibilidades de ejercicio de estos y, en general, cualquier información relacionada con el ámbito de consumo.

La normativa general en España que regula la protección del consumidor es el Real Decreto Legislativo 1/2007, de 16 de noviembre, por el que se aprueba el texto refundido de la Ley General para la Defensa de los Consumidores y Usuarios.

Además de esta ley, hay otras normas complementarias que se pueden consultar en la página web de la Agencia Española de Seguridad Alimentaria y Nutrición (AESAN).

ACTIVIDAD COMPLEMENTARIA

2. Busca información sobre las normas estatales y autonómicas que estén relacionadas con la protección de los derechos del consumidor.

3.2. Derechos de los consumidores: responsabilidad de intermediarios y distribuidores

La legislación vigente en España reconoce al consumidor una serie de **derechos;** los más destacables son los siguientes:

Con la promulgación de la Constitución de 1978, la protección de los consumidores y usuarios se convierte en un principio básico que obliga al Estado a asegurar los derechos y libertades de los ciudadanos en este ámbito. Así, en su artículo 51 establece:

- Garantizar la defensa de los consumidores y usuarios.
- Proteger la seguridad, salud e intereses económicos del consumidor.
- Promover la información y comunicación de los consumidores y usuarios.
- Fomento de las organizaciones de consumidores y usuarios.

Las **organizaciones que se encargan de la protección** de esos derechos, tanto de consumidores como de empresas, son las siguientes:

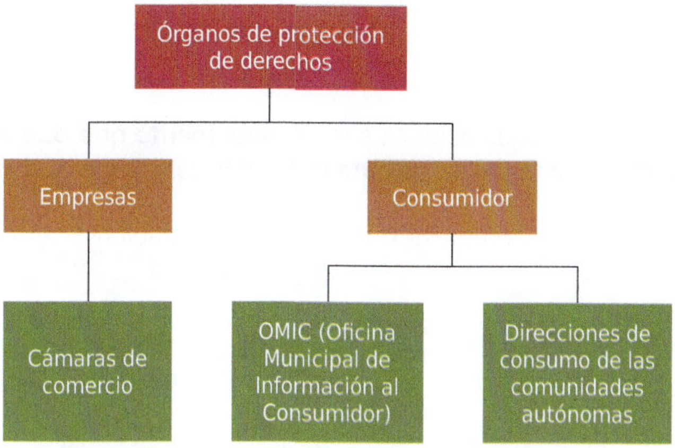

3.3. Documentación y pruebas

El consumidor podrá acompañar las reclamaciones con todas las pruebas o documentos que considere necesarios para una mejor valoración de los hechos y, en especial, la factura cuando se trate de una reclamación sobre el precio.

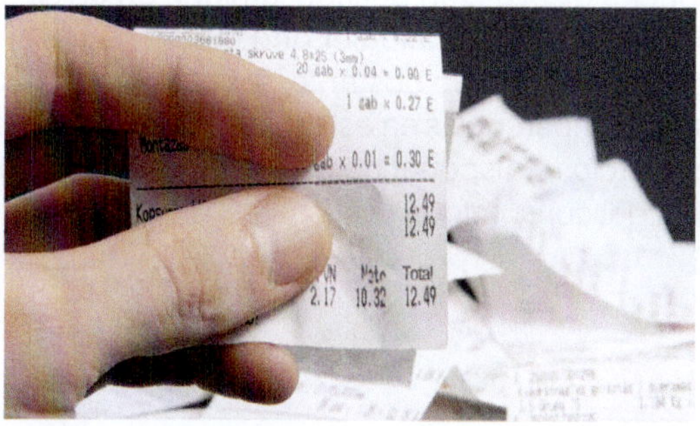

Presentar la factura es de suma importancia en una reclamación.

NOTA

La presentación de documentos de prueba que avalen una versión de los hechos puede ser concluyente en la resolución de la reclamación.

3.4. Las hojas de reclamaciones: elementos y cumplimentación

Las hojas de reclamaciones son un **documento que pueden utilizar los consumidores y usuarios para defender y proteger sus intereses,** para expresar a la Administración su disconformidad con un producto o servicio adquirido en una empresa, que no reúne las características y exigencias por las que paga.

Se podrá reclamar:

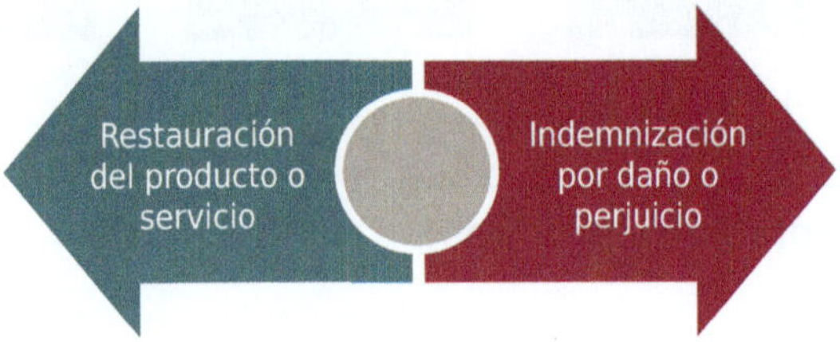

Según la Ley 7/2017, de 2 de noviembre, ya no es obligatorio que las empresas dispongan físicamente de los modelos oficiales de hojas de quejas y reclamaciones en sus comercios, aunque establece que en ausencia de estos, deberán poner a disposición del consumidor, en un sitio visible, una dirección postal, electrónica o cualquier otro medio para facilitar al consumidor o usuario su tramitación. No obstante, son las comunidades autónomas las que tienen las competencias en esta materia, y aún son muchas las que obligan a los comercios a disponer de hojas de reclamaciones en formato físico a disposición del consumidor.

SABÍAS QUE...

Cada hoja de reclamación recibe un tratamiento personalizado, en función de los intereses y circunstancias de las partes.

Las hojas de reclamaciones están compuestas por un **juego unitario de impresos** autocopiativos, entregándose cada uno de ellos a un destinatario concreto:

- Folio blanco: ejemplar para la Administración.
- Folio rosa: ejemplar para el establecimiento o prestador del servicio.
- Folio verde: ejemplar para el consumidor o usuario.

No obstante, los consumidores pueden rellenar e imprimir las hojas de reclamaciones desde la página web oficial de su comunidad autónoma. En este caso no se trata de impresos autocopiativos, aunque indican qué páginas hay que entregar a cada sujeto.

Las empresas que comercialicen productos o servicios están obligadas a disponer de un libro de quejas y reclamaciones convenientemente numerado y sellado, u otro procedimiento de recogida y tramitación para gestionarlas. Además, deberán colocar un cartel en una zona visible en el que se informe al consumidor o usuario de su existencia. El texto a incluir en el cartel difiere según la comunidad autónoma.

Ejemplo de cartel de hoja de reclamaciones en dos idiomas

PARA SABER MÁS

En el siguiente enlace podrás consultar la regulación de las hojas de reclamaciones de cada comunidad autónoma.

https://redirectoronline.com/uf00310403

ACTIVIDAD COMPLEMENTARIA

3. Analiza la siguiente hoja de reclamaciones:

https://redirectoronline.com/uf00310402

Identifica cuál es la información necesaria para rellenarla, siguiendo los pasos correspondientes para su cumplimentación.

Una vez que el consumidor entrega la hoja de reclamaciones, debe esperar **10 días hábiles a que le contesten por escrito.** Si después de 10 días no ha recibido contestación, habrá que cursarla en una de las siguientes instituciones:

- Oficinas municipales de información al consumidor.
- El servicio de consumo de su comunidad autónoma.
- Asociaciones de consumidores, en el caso de que el reclamante fuese socio de alguna de ellas.

Para darle curso a la reclamación se ha de entregar el original en cualquiera de estas instituciones y **conservar la copia verde.**

RECUERDA

Las hojas de reclamaciones constan de tres impresos autocopiativos, cada uno de ellos con un destinatario diferente:

- Hoja blanca: ejemplar para la Administración.
- Hoja rosa: ejemplar para el establecimiento o prestador del servicio.
- Hoja verde: ejemplar para el consumidor o usuario.

3.5. Tramitación: procedimiento y consecuencias de las reclamaciones

Las reclamaciones de los consumidores se resolverán por los órganos competentes de la administración, además de ser atendidas o resueltas mediante el sometimiento voluntario y vinculante de las partes al **Sistema Arbitral de Consumo.**

Una vez que se recibe la reclamación, se tramitará de la forma que corresponda y, en su caso, se comunicará al denunciado que puede presentar las alegaciones oportunas.

En el caso de que se denuncien infracciones en materia de derechos del consumidor, se comprobará la veracidad de dichas afirmaciones y, en su caso, se abrirá un **procedimiento sancionador,** sin prejuicio de las acciones civiles o penales que correspondan.

En el plazo de 15 días hábiles desde la recepción, la autoridad competente en materia de consumo acusará recibo al reclamante y dará traslado de la queja al establecimiento reclamado, otorgándole un plazo de 10 días hábiles para que alegue cuanto estime conveniente y aporte documentación si lo desea.

La renuncia del reclamante, la avenencia entre las partes, bien directamente o bien a través de la mediación o el pronunciamiento de la Junta Arbitral de Consumo, implicarán el archivo de la reclamación siempre que no existan irregularidades que supongan infracción administrativa. Sin perjuicio de esto último, la administración podrá incoar de oficio expediente sancionador si apreciase algún hecho constitutivo de infracción.

ACTIVIDAD COMPLEMENTARIA

4. Busca información acerca de la norma ISO en la que se establecen los principios que deben regir la gestión de las reclamaciones. ¿Qué cuestiones relevantes trata dicha norma?

3.6. OMIC: oficinas municipales de información al consumidor

Las Oficinas Municipales de Información al Consumidor (OMIC) dependen del Área de Gobierno de Economía y Participación Ciudadana, y tienen como **misión fundamental:**

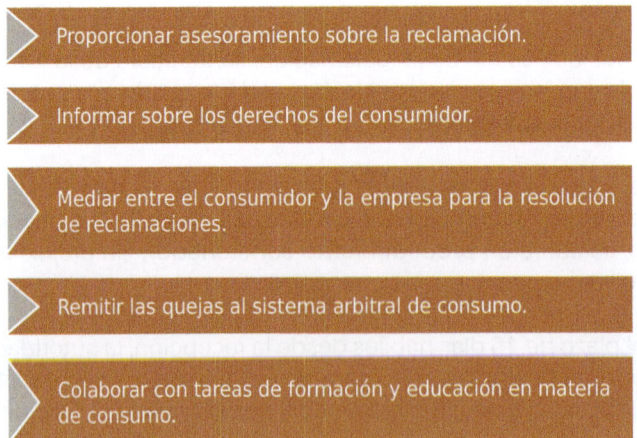

- Proporcionar asesoramiento sobre la reclamación.
- Informar sobre los derechos del consumidor.
- Mediar entre el consumidor y la empresa para la resolución de reclamaciones.
- Remitir las quejas al sistema arbitral de consumo.
- Colaborar con tareas de formación y educación en materia de consumo.

Se entiende por consumidores y usuarios las **personas físicas o jurídicas que adquieren, utilizan o disfrutan como destinatarios finales bienes muebles o inmuebles, productos, servicios, actividades o funciones,** cualquiera que sea la naturaleza pública o privada, individual o colectiva, de quienes los producen, facilitan, suministran o expiden.

Por tanto, no pueden utilizar los servicios de la OMIC quienes adquieren, almacenan, utilizan o consumen bienes o servicios, con el fin de integrarlos en el proceso de producción, transformación, comercialización o prestación a terceros.

Los temas atendidos por dicha oficina son prácticamente todos los relacionados con el consumo; esto es: bienes, suministros, servicios y vivienda.

Logotipo de las Oficinas Municipales de Información al Consumidor

OMIC

TAREA 16

Jorge ha comprado varios artículos para su oficina: una impresora, un escáner, una destructora de documentos, un ratón y un teclado.

Al llegar a casa se percata de que la impresora tiene la bandeja del papel rota y decide volver a la tienda a exponer su problema al vendedor. Para su sorpresa, el vendedor le comunica que se debe a un transporte inadecuado por su parte. Jorge indignado decide poner una reclamación.

¿Qué documento debe poner la empresa a disposición de Jorge para recoger las reclamaciones? Señala cuál es la información que debe recoger dicho documento.

4. Resolución de reclamaciones

HILO CONDUCTOR

Como política de empresa, los trabajadores de LIMPISA tienen instrucciones de evitar en la medida de lo posible que los clientes formalicen reclamaciones contra la empresa, ya que estas tienen un coste monetario, tardan en resolverse y perjudican a la imagen corporativa.

No obstante, si los clientes insisten en formalizar la reclamación, los trabajadores deberán asesorar acerca de las vías de reclamación más convenientes.

En general las quejas o reclamaciones pueden estar propiciadas por errores humanos, fallos en los medios materiales o incorrectas descripciones del producto o servicio.

Si las reclamaciones no se resuelven de manera rápida y efectiva, **afectarán negativamente a la imagen de la empresa,** puesto que el cliente divulgará su malestar en su entorno.

Las vías de resolución de las reclamaciones son las siguientes:

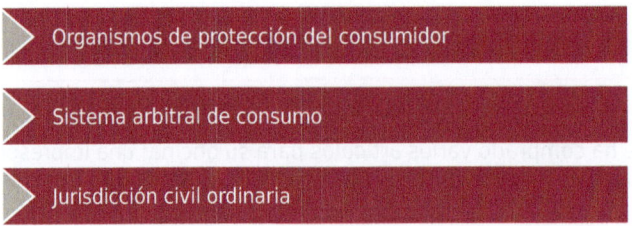

- Organismos de protección del consumidor
- Sistema arbitral de consumo
- Jurisdicción civil ordinaria

4.1. Respuestas y usos habituales en el sector comercial

El cauce más adecuado para una pronta normalización y satisfacción del cliente es **delegar la autoridad al mando intermedio o jefe del departamento** afectado, para que gestione el conflicto en primera instancia, por lo que generalmente el cliente les expresa sus quejas verbalmente, con el fin de solucionarlas rápidamente.

Con la exposición de las quejas verbales por parte del cliente al personal de la empresa, este busca una resolución rápida de su problema, que corrientemente se concreta en:

- Una reparación inmediata a su derecho menoscabado.
- Una implementación o complementación en su caso.
- Una sustitución de un bien material.
- Un atributo del producto parcialmente defectuoso.
- Una rectificación de un servicio prestado incorrectamente.

APLICACIÓN PRÁCTICA

Carmen se encuentra atendiendo a un cliente que ha comprado maquinaria de limpieza. El cliente le ha expuesto que tras utilizar la máquina durante 15 min, esta ha dejado de funcionar.

Indícale qué efectos buscará este cliente mediante la exposición de quejas verbales:

a. Sustitución de un bien material.
b. Rectificación de un servicio prestado incorrectamente.
c. Cerrar el local que le causa un perjuicio al cliente.
d. Una reparación inmediata a su derecho menoscabado.

Solución

Al ser una comunicación directa con el personal de la empresa, lo que el cliente desea es una resolución rápida de su problema, que en este caso se concreta en:

- Una reparación inmediata a su derecho menoscabado.
- Una sustitución de un bien material.
- Una rectificación de un servicio prestado incorrectamente.

Las instrucciones generales de la dirección con respecto al **procedimiento para atender las quejas y reclamaciones** deberán ser puestas en marcha por el empleado, intentando dar satisfacción al cliente con rapidez y eficacia.

Hay una serie de **aspectos básicos que se deben tener en cuenta** en el tratamiento de las reclamaciones.

Es importante que **el cliente se sienta escuchado, e informado** de las acciones que se están llevando a cabo en la empresa para solucionar su problema. Nunca se podrá intentar confundir al cliente, debemos aprovechar la queja o reclamación para fidelizar al cliente.

Se informará sobre las **acciones emprendidas a raíz de la reclamación,** para que el cliente se sienta satisfecho con la atención recibida y el problema se resuelva satisfactoriamente.

Además, deben intentar **resolverse mostrando cortesía, comprensión** e informando sobre las causas o errores que han motivado la reclamación.

La empresa debe intentar en todo momento prestar un buen servicio de atención al cliente que le permita resolver el problema y **transformar su descontento en fidelidad,** así se evitará que el cliente ponga una reclamación formal.

SABÍAS QUE...

La frecuencia de las quejas o reclamaciones formales, desde el punto de vista estadístico, es absolutamente desigual, comparando a las pequeñas empresas con las grandes.

En el caso de que el cliente se reafirmara en su voluntad de iniciar una reclamación formal, se le facilitará al cliente el **libro de quejas y reclamaciones,** y la persona responsable ante el cliente deberá proceder a instruir un ***dossier* relativo al caso,** nutriéndolo de todas aquellas notas, documentos, descripciones de los hechos, medios de prueba y documentación existente para completar el *dossier.*

4.2. Resolución extrajudicial de reclamaciones: ventajas y procedimiento

La resolución extrajudicial de reclamaciones **son mecanismos alternativos a la justicia ordinaria** que pretenden obtener una solución a un conflicto entre dos o más partes.

Existen diferentes **procesos:**

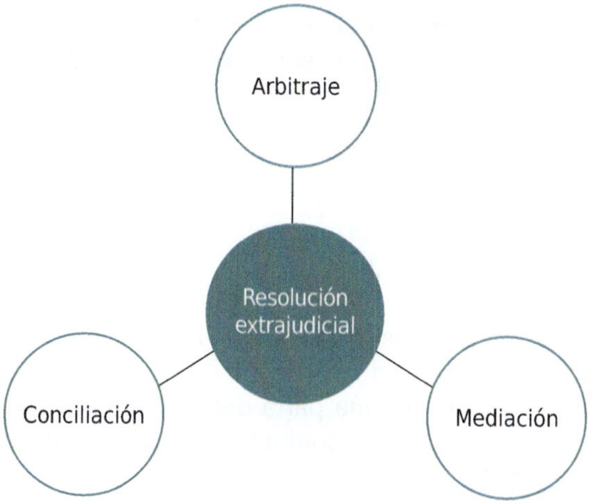

NOTA

Si los hechos que motivan la reclamación son susceptibles de ser una infracción en materia de consumo, los servicios de consumo pueden iniciar la vía sancionadora de oficio.

Arbitraje

Es un mecanismo en el que **un tercero neutral e imparcial** resuelve la controversia dictando un laudo (resolución) que es de obligado cumplimiento. Este mecanismo permite resolver conflictos entre consumidor y empresario, asegurando la igualdad de oportunidades a las partes que inicien el procedimiento. Es un procedimiento rápido, simple y al que las partes se podrán acoger voluntariamente.

Mediación

En este caso, el **organismo de consumo tratará,** por un lado, de que las partes (reclamante y reclamado) lleguen a una solución amistosa y, por otro, de esclarecer los hechos que motivan la reclamación.

Conciliación

Es el proceso mediante el cual **las partes resuelven sus problemas sin necesidad de acudir a un juicio.** Resulta un mecanismo flexible donde el tercero que interviene puede ser cualquier persona y el acuerdo al que se llega suele ser de tipo transaccional.

4.3. Juntas arbitrales de consumo

La junta arbitral de consumo **resuelve los desacuerdos de tipo económico** o similar, que se produzcan entre consumidores y empresarios, comercios o profesionales. Forma parte del **sistema arbitral de consumo,** que está presente en todas las comunidades autónomas de España mediante juntas arbitrales.

No obstante, no todas las reclamaciones se pueden resolver mediante el sistema arbitral de consumo.

Resolución mediante junta arbitral	No se resuelven en junta arbitral
- Todos los conflictos que afecten a los derechos reconocidos legal o contractualmente a los consumidores y usuarios, independientemente de su cuantía, y con excepción de los supuestos que se indican en el siguiente cuadro.	- Cuestiones en las que deba intervenir el Ministerio fiscal. - Aquellas en las que las partes no tengan poder de disposición. - Reclamaciones entre particulares. - Cuando concurra intoxicación, lesión, muerte o existan indicios racionales de delito. - Cuestiones sobre las que exista sentencia judicial firme y definitiva.

Una vez que ambas partes en conflicto han aceptado resolver sus desavenencias ante la junta arbitral de consumo, el arbitraje impide a los jueces y tribunales conocer del litigio o reclamación.

La junta arbitral de consumo ofrece un **procedimiento ágil que se caracteriza** por ser:

- Gratuito
- Rápido

- Obligado cumplimiento del laudo
- Voluntario
- Sencillo
- Imparcial

NOTA

La junta arbitral de consumo ni sanciona ni multa a las empresas implicadas en la correspondiente reclamación.

Procedimiento de arbitraje

El procedimiento de arbitraje **se inicia siempre a instancia del consumidor** o usuario. Aun así, a lo largo del mismo, el empresario o profesional puede plantear las pretensiones que tenga frente al consumidor reclamante, siempre que estén directamente relacionadas con la reclamación del consumidor al objeto de que sean igualmente resueltas mediante ese arbitraje.

El **distintivo oficial que poseen las empresas por su adhesión al sistema arbitral** supone una etiqueta de calidad. Su exhibición en un lugar destacado mejora su imagen de seriedad y credibilidad. Esto redundará en una mayor confianza en la calidad de sus servicios o productos de cara al consumidor, que le discriminará positivamente, con lo que mejorará su competitividad.

En el proceso intervienen dos tipos de **órganos:**

Distintivo oficial de adhesión al Arbitraje de Consumo

Juntas arbitrales

Son las encargadas de la administración del arbitraje. Las juntas arbitrales tienen, entre otras funciones, las siguientes:

- Resolver sobre las ofertas públicas de adhesión.
- Conceder o retirar el distintivo de adhesión al sistema arbitral de consumo.
- Gestionar y mantener actualizados los datos de las empresas o profesionales incorporados al sistema arbitral de consumo a través de la junta arbitral de consumo.
- Ofrecer publicidad de las empresas o profesionales incorporados al sistema arbitral de consumo mediante ofertas públicas de adhesión, en particular en el respectivo ámbito territorial.
- Elaborar y llevar la actualización de la lista de árbitros acreditados ante la junta arbitral de consumo.
- Gestionar e impulsar los procedimientos arbitrales de consumo, asegurando, cuando proceda, el recurso a la mediación previa al conocimiento del conflicto por los órganos arbitrales.
- Gestionar el archivo arbitral, en el que se conservarán y custodiarán los expedientes arbitrales.
- Abastecer de medios y efectuar las actuaciones necesarias para el mejor ejercicio de las funciones de los órganos arbitrales y, en su caso, de los mediadores.
- Poner a disposición de los consumidores o usuarios y de las empresas o profesionales formularios de solicitud de arbitraje, contestación y aceptación, así como de ofertas públicas de adhesión al sistema arbitral de consumo.

Órganos arbitrales

Una vez que se comprueba que la solicitud de arbitraje es admisible y que ambas partes aceptan que el conflicto se resuelva mediante este procedimiento, los árbitros resolverán la reclamación, oyendo siempre a las dos partes e intentando, en su caso, que estas lleguen a un acuerdo. Atendiendo a la cuantía y complejidad de la reclamación, esta será resuelta por un solo árbitro o por un órgano arbitral integrado por tres miembros.

En los procesos complejos, las entidades que designan a los árbitros son:

- La Administración pública
- Las organizaciones de consumidores y usuarios
- Las organizaciones empresariales

TAREA 17

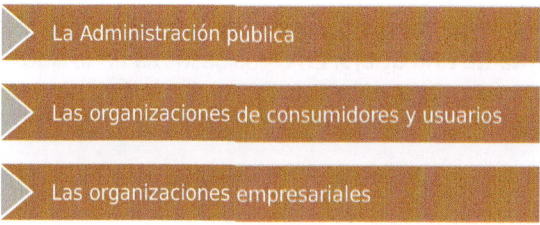

Para el desarrollo de esta actividad deberás elaborar un diálogo entre un cliente y un empleado, en el que el cliente exponga una queja sobre un producto determinado, y exprese su intención de poner una reclamación formal a la empresa. El empleado deberá aplicar a la conversación las técnicas de comunicación adecuadas.

A partir de esta situación, deberás:

- Confeccionar un plan de actuación en el que se incluyan las fases que se deben seguir para resolver el conflicto.
- Cumplimentar la siguiente hoja de reclamaciones:

https://redirectoronline.com/uf00310402

5. Resumen

Dentro de las relaciones de los consumidores y usuarios con los empresarios pueden producirse conflictos, por lo que es importante seguir unas pautas para preverlos, de modo que no afecten a la empresa, ya que un cliente insatisfecho o que ha visto defraudadas sus expectativas **supone un coste en términos de imagen y confianza.**

Este puede formular una queja o una **reclamación,** que es la **manifestación escrita de una queja.** En estos casos se tiene que actuar con agilidad intentando recuperar en el menor plazo de tiempo posible la pérdida de credibilidad.

Los **pasos a seguir** en una reclamación son los siguientes:

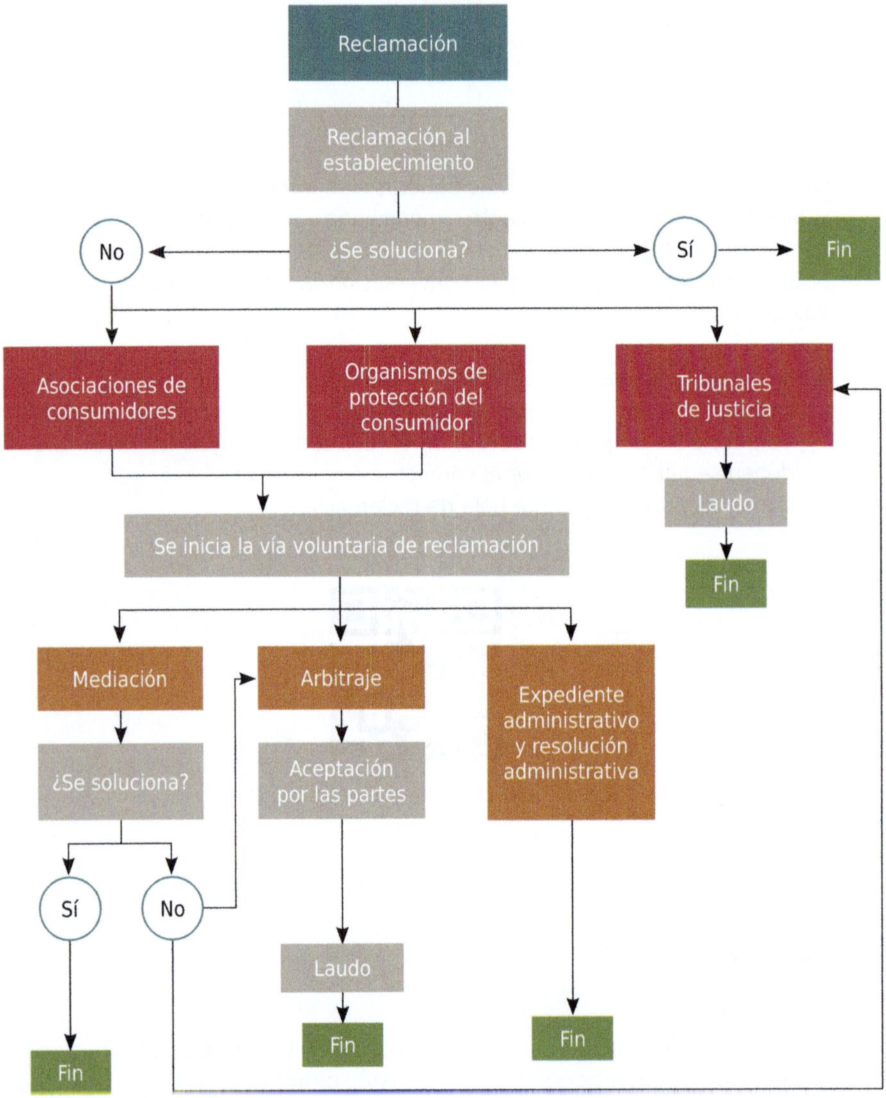

La normativa general en España que regula la protección del consumidor es **el Real Decreto Legislativo 1/2007,** de 16 de noviembre, por el que se aprueba el texto refundido de la **Ley General para la Defensa de los Consumidores y Usuarios.**

Para la resolución de conflictos, además de los mecanismos habituales de justicia ordinaria, existen otros **mecanismos alternativos de resolución extrajudicial,** como son:

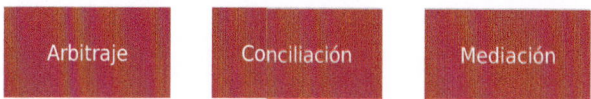

Arbitraje

Conciliación

Mediación

Ejercicios de autoevaluación
Unidad de Aprendizaje 4

1. Indica si las siguientes afirmaciones son verdaderas o falsas.

a. Para que una queja o reclamación sea válida, las partes en conflicto deben tener carácter de empresario y consumidor.

- Verdadero
- Falso

b. Para que una queja o reclamación sea válida, el conflicto debe derivar de una relación de consumo.

- Verdadero
- Falso

2. ¿Cuál de los siguientes organismos no se considera una vía de reclamación?

a. OCIM
b. Reclamación escrita
c. Tribunales
d. Servicios de consumo autonómicos

3. Señala la opción es correcta.

a. La ausencia de quejas implica siempre una elevada satisfacción del cliente.
b. Las quejas de los clientes son un indicador habitual de una baja satisfacción del cliente.
c. Las quejas siempre son perjudiciales para la empresa.
d. La mediación siempre soluciona las reclamaciones.

4. ¿Cuál de las siguientes no se considera una función de la Oficina Municipal de Información al Consumidor?

a. Proporcionar asesoramiento sobre la reclamación.
b. Informa sobre los derechos del consumidor.
c. Media entre el consumidor y la empresa para la resolución de reclamaciones.
d. Remisión de quejas a los tribunales.

5. Indica si las siguientes afirmaciones son verdaderas o falsas.

a. El plan de acción para la resolución de quejas y reclamaciones de los clientes es igual en todas las empresas.

- Verdadero
- Falso

b. Los clientes a los que se les resuelven los problemas con prontitud y eficiencia tienden a ser más leales que los que nunca han tenido un problema con la empresa.

- Verdadero
- Falso

6. ¿Cuál es la organización que se encarga de la protección de los derechos de la empresa?

a. Direcciones de consumo de las comunidades autónomas.
b. Oficina Municipal de Información al Consumidor.
c. Cámaras de comercio.
d. Confederación de empresarios.

7. Las hojas de reclamaciones constan de un juego de impresos autocopiativos; relaciona cada impreso con su destinatario:

a. Folio blanco
b. Folio rosa
c. Folio verde

_ Ejemplar para el establecimiento o prestador del servicio.
_ Ejemplar para el consumidor o usuario.
_ Ejemplar para la Administración.

8. Una vez que el consumidor entrega una hoja de reclamaciones, la empresa debe contestar en un plazo de...

a. ... 5 días hábiles.
b. ... 10 días hábiles.
c. ... 14 días hábiles.
d. ... 14 días laborables.

9. Indica si las siguientes afirmaciones son verdaderas o falsas.

a. El arbitraje es un proceso flexible en el que interviene un tercero, que puede ser cualquier persona.

- Verdadero
- Falso

b. En la conciliación interviene un organismo de consumo que tratará, por un lado, de que las partes (reclamante y reclamado) lleguen a una solución amistosa y, por otro, de esclarecer los hechos que motivan la reclamación.

- Verdadero
- Falso

10. De los siguientes supuestos, identifica cuál se puede resolver mediante la junta arbitral.

a. Cuestiones en las que deba intervenir el Ministerio fiscal.
b. Reclamaciones por un importe superior a 10.000 €.
c. Cuando concurra intoxicación, lesión, muerte o existan indicios racionales de delito.
d. Aquellas en las que las partes no tengan poder de disposición.

Glosario

Actitud
Es una evaluación que la persona hace hacia un objeto o idea. En función de las creencias que se tengan, se tendrán unas actitudes positivas o negativas hacia algo.

AECOSAN
Agencia Española de Consumo, Seguridad Alimentaria y Nutrición.

Argumentario
Es aquel guion empleado por los vendedores, que refleja los pasos a seguir en el proceso de venta de un producto o servicio.

Argumentario de ventas
Es una herramienta que el vendedor solo podrá utilizar en el momento de la entrevista de ventas después de conocer las necesidades, intereses y motivaciones de nuestro cliente y su éxito depende en gran medida del conocimiento que de nuestro interlocutor hayamos alcanzado.

Argumentario del fabricante
Es una herramienta de uso particular del fabricante, que ayuda de forma determinante a lanzar un producto al mercado y hace que los vendedores finales, minoristas y comerciales crean en sus ventas.

Asertividad
Es un método de comunicación que va dirigido a transmitir informaciones, teniendo en cuenta siempre los derechos de nuestros interlocutores.

Atributos
Son las características que tiene el producto o servicio en cuanto a su venta o comercialización.

Bases de datos de *marketing*

Tienen como finalidad cargar y almacenar perfiles de los clientes con datos más subjetivos que están enfocados a poder desarrollar un perfil de cliente, de modo que podamos brindarle una oferta que esté realmente hecha para él.

Bienes de comparación

Productos que el consumidor compara con otros productos antes de adquirirlos.

Bienes de conveniencia

Productos que requieren una reflexión mínima a la hora de su compra.

Bienes de especialidad

Productos por los que el consumidor está dispuesto a realizar un gran esfuerzo para adquirirlos.

Cartas comerciales

Son aquellas cuyo contenido está relacionado con operaciones comerciales, negocios, compra, venta, propaganda y movimientos internos de una empresa.

Cartera de clientes

La lista de clientes que, no solo lo son en la actualidad porque consumen nuestros productos o servicios, sino que lo han podido ser ya y son susceptibles de volver a serlo en cualquier momento. Utilizaremos sus datos personales para estudiar su posible impacto en campañas de *marketing* y ofrecerles nuestros productos.

Clases sociales

Son divisiones de la sociedad, homogéneas y jerárquicamente ordenadas, donde los miembros poseen comportamientos parecidos.

Clientes activos

Son aquellos que en la actualidad están realizando compras o que lo hicieron dentro de un periodo corto de tiempo.

Clientes potenciales

Son clientes que aunque no consumen actualmente el producto, cumplen con el perfil de consumidores.

Clientes prescriptores

Son clientes que, convencidos de las ventajas de un producto, transmiten a otros consumidores mensajes positivos sobre el mismo.

Cold calling
Es una técnica consistente en realizar llamadas telefónicas a los clientes potenciales para obtener un primer acercamiento antes de proceder con la venta.

Comportamiento de un producto
Se refiere al nivel de éxito y ventas que alcanzará un determinado producto en el mercado.

Compra
Es el acto por el que el cliente adquiere el producto en base a unas condiciones preestablecidas y conocidas por él.

Comunicación
Es un proceso en el cual una persona, que llamamos emisor, envía un mensaje a un receptor, que es el destinatario del mensaje.

Comunicación no verbal
Son las formas que tiene el ser humano de transmitir información sin utilizar la palabra. Esta se manifiesta en las expresiones, gestos, posturas, movimientos e imagen personal de los individuos.

CRM *(Customer Relationship Management)*
Es un sistema modular diseñado para integrar los diferentes aspectos del proceso de venta de su organización en diferentes módulos tales como cuentas, actividades, oportunidades y alianzas.

Cuota de mercado
Porción del mercado que posee una determinada empresa sobre el mercado total.

Denuncia
El acto mediante el cual un consumidor o usuario pone en conocimiento de la Administración de Consumo un hecho que puede suponer una vulneración de las normas de protección al consumidor.

Documentos comerciales
Son todos los comprobantes extendidos por escrito en los que se deja constancia de las operaciones que se realizan en la actividad mercantil, de acuerdo con los usos y costumbres generalizados y las disposiciones de la ley.

E-mail
Correo electrónico.

Empatía
Es la capacidad cognitiva de percibir lo que otro individuo puede sentir, entender la naturaleza emocional de las demás personas, incluso cuando sus puntos de vista sean radicalmente opuestos a los nuestros.

Empaque
Incluye las actividades de diseñar y producir el recipiente para la envoltura de un producto. Su objetivo principal es proteger el producto, el envase o ambos.

Encuestas
Es una de las herramientas que se suelen utilizar en la investigación de mercados.

Estilo de vida
Es la forma que una persona tiene de vivir, de acuerdo con las actividades que realiza y las opiniones que tiene.

Evasivas
Son objeciones de huida para desviar el problema o huir de la responsabilidad.

Factura
Documento comercial en el que se refleja información correspondiente a una compraventa.

Ficha de producto/servicio
Documento que incluye información detallada sobre el producto/servicio.

Fidelización
El mantenimiento de relaciones a largo plazo con los clientes más rentables de la empresa, obteniendo una alta participación en sus compras.

Financiación
Proceso mediante el cual, el adquirente de un bien paga a plazos su derecho de uso o posesión.

Garantía
Periodo en el que se ofrece la reparación gratuita de un producto.

Grupos de referencia
Son aquellos grupos que tienen influencia sobre el consumidor; esta influencia puede ser directa o indirecta.

Habilidades personales para ventas
Conjunto de habilidades que posee un individuo para vender productos.

Hojas de reclamaciones
Instrumento eficaz que pueden utilizar los consumidores y usuarios para defender y proteger sus intereses en materia de consumo.

Indicios de compra
Señales que emite el cliente para mostrar que ha tomado una decisión y está dispuesto a comprar.

Inteligencia emocional
Capacidad de reconocer nuestros propios sentimientos y los sentimientos de los demás; también hace referencia a la capacidad de motivar y manejar adecuadamente las relaciones que sostenemos con nosotros mismos y con los demás.

Investigación de mercado
Consiste en realizar un estudio del entorno en el que se desarrolla la actividad económica.

ISO
"Organización Internacional de Normalización", disponen de un conjunto de normas sobre la gestión de la calidad y el medioambiente.

Jerárquico
Criterio que permite establecer un orden de subordinación.

Junta arbitral de consumo
Resuelve los desacuerdos de tipo económico o similares, que se produzcan entre consumidores y empresarios, comercios o profesionales.

La balanza
Técnica de cierre de ventas en la que el vendedor enumera las ventajas e inconvenientes del producto, haciendo énfasis sobre las ventajas.

Ley de Pareto
Conocida también como ley 80/20, indica que el 20 % de algo es esencial y el 80 % es trivial.

Lenguaje no verbal
Lenguaje corporal, consiste en el envío y recepción de mensajes sin palabras.

Logotipo
Es el grafismo empleado para distinguir una marca, un producto, una empresa o cualquier organización.

Marca
Un nombre, término, símbolo o diseño o una combinación de ellos que trata de identificar los bienes o servicios de un vendedor o grupo de vendedores y diferenciarlos de los competidores.

Marketing
El proceso social y administrativo por el que los grupos de individuos satisfacen sus necesidades al crear e intercambiar bienes y servicios.

Marketing relacional
Acciones e iniciativas desarrolladas por una empresa hacia sus diferentes públicos o hacia un determinado público o segmento de los mismos, dirigidas a conseguir su satisfacción en el tiempo, mediante la oferta de servicios y productos ajustados a sus necesidades y expectativas, incluida la creación de canales de relación estables de intercambio de comunicación y valor añadido, con el objeto de garantizar un clima de confianza, aceptación y aportación de ventajas competitivas que impida la fuga hacia otros competidores.

Mensaje
Es la información que queremos transmitir y se simboliza mediante un soporte verbal (hablando) o no verbal (signos, mímica, imagen, etc.), o ambos a la vez, empleando un código común (es decir, el código a emplear debe ser entendible por ambas partes).

Muestras gratuitas
Una cantidad de producto que se distribuye de forma gratuita, con objeto de que lo prueben los consumidores.

Necesidades
En un sentido amplio son aquellas cosas necesarias para la supervivencia.

Nivel socioeconómico
Es una medida del poder de adquisición de los consumidores.

Objeciones del cliente
Dificultades que se presentan al comercial en la venta de productos.

Objeciones objetivas
Están relacionadas con los atributos del producto que el cliente desea verificar.

Objeciones ocultas
Objeciones que el cliente no se atreve a exponer.

Oficinas Municipales de Información al Consumidor (OMIC): es un servicio gratuito de información y orientación para los consumidores y usuarios, que además intenta resolver los conflictos en materia de consumo a través de la mediación amistosa.

Palé
Plataforma de madera o plástico que sirve para transportar mercancías.

Paráfrasis
Técnica de refutación de objeciones consistente en suavizarlas.

Posicionamiento
Trata de establecer una posición en el cerebro de los consumidores, asociar el producto con alguna característica y ocupar ese espacio de memoria en la mente del consumidor.

Precio
Valor monetario que se le asigna a un bien o servicio. También se pueden considerar otros parámetros como esfuerzo, atención o tiempo, etc.

Prejuicios
Son aquellas ideas o juicios preconcebidos que el cliente tiene hacia la empresa, el producto o incluso el vendedor, motivadas en ocasiones por experiencias anteriores negativas.

Presentación de un producto
Secuencia de imágenes a menudo acompañada por texto, vídeos y sonido con efectos de transición que enseña al potencial cliente las posibilidades del producto, así como sus virtudes, con el fin de que este adquiera ese producto y así cubrir sus posibles necesidades.

Pretextos
Ocultan las verdaderas objeciones y suelen ser síntomas de una evidente falta de interés.

Producto
Cualquier bien, tangible o intangible (servicio o idea) que satisfaga una necesidad en el mercado donde se lanza a la venta.

Promoción
Representa a un producto que es nuevo y diferente, mientras que el producto del anunciante puede ser conocido y relativamente poco interesante. Puede apelar a aquellos que no compran actualmente el producto. Tiene, pues, un potencial para atraer hacia el producto a nuevos consumidores.

Promoción de ventas
Conjunto de técnicas distintas de la venta personal y de la publicidad, que estimulan la compra de los consumidores y proporcionan una mayor actividad y eficacia a los canales de distribución.

Prospección
Es el conjunto de actividades que desarrolla un vendedor o una empresa con el fin de determinar y localizar a sus clientes potenciales.

Publicidad
Es una forma destinada a difundir o informar al público sobre un bien o servicio a través de los medios de comunicación, con el objetivo de motivar al público hacia una acción de consumo.

Queja
Es una expresión de insatisfacción hecha a una organización, con respecto a sus productos.

Reclamación
Cuando un consumidor entra en conflicto o desacuerdo con una empresa o un profesional que le ha vendido el producto o prestado el servicio, puede poner de manifiesto los hechos ante la administración competente, solicitando una solución al conflicto planteado y en su caso una compensación.

Resolución extrajudicial de reclamaciones
Son mecanismos alternativos a la justicia ordinaria que pretenden obtener una solución a un conflicto entre dos o más partes.

Rentabilidad
Capacidad de generar beneficio de una inversión realizada.

Servicio de posventa
Es un tipo de servicio al cliente que brindamos una vez que el cliente ya ha realizado la compra.

Servicios
Se consideran productos intangibles, por lo que estos pueden ser considerados como un tipo específico de producto.

Sondeos
Herramienta de observación.

Streaming
Tecnología que permite ver un archivo de vídeo desde internet, sin la necesidad de descargarlo previamente.

Tarjeta de puntos o fidelidad
También se conoce como tarjeta de beneficios y descuentos; es el soporte físico de programas que ofrecen bonificaciones (descuentos, premios, etc.) al titular (cliente) cuando consume productos de la empresa emisora de la tarjeta.

Técnicas de persuasión
Tratan de sugestionar al cliente para que adquiera los productos que ofrece la empresa.

Telemarketer
Persona que opera los sistemas de *telemarketing.*

Telemarketing
También denominada telemercadotecnia, es una forma de *marketing* directo en la que un asesor utiliza el teléfono o cualquier otro medio de comunicación para contactar con clientes potenciales y comercializar los productos y servicios.

Teoría de Maslow
Clasifica las necesidades del ser humano atendiendo a sus motivaciones.

Vending
Es un neologismo en voz inglesa que se utiliza para denominar el sistema de ventas por medio de máquinas autoexpendedoras, accionadas por diversos medios de pago.

Venta
Es un conjunto de actividades diseñadas para promover la compra de un producto o servicio.

Ventas adicionales

Ventas que se realizan una vez que se ha cerrado la venta del producto principal, consistentes en productos en gancho o de compra por impulso que completan o añaden valor al producto principal.

Venta cruzada

Del inglés *cross-selling,* táctica mediante la cual un vendedor intenta vender productos complementarios a los que consume o pretende consumir un cliente.

Visita personal o venta fría

Consiste en la presentación directa del vendedor al posible comprador, es decir, sin aviso previo, lo que vulgarmente se conoce como "A puerta fría".

Bibliografía

Monografías

- BASTOS Boubeta, A. I.: *Realización de la actividad de venta técnica: técnicas de venta orientadas a los procesos de negociación y seguimiento de los clientes*. Vigo: Ideaspropias Editorial, S. L., 2006.

  A través de esta obra se lleva a cabo un análisis del uso eficaz de las técnicas de venta orientadas a los procesos de negociación y seguimiento del cliente.

- DVOSKIN, R.: *Fundamentos de marketing*. Buenos Aires: Ediciones Granica S. A., 2004.

  Esta obra hace un extenso recorrido por las necesidades del consumidor, sus conductas de compra y su pertenencia a los diferentes segmentos del mercado, las herramientas e instrumentos estratégicos del análisis entre el mercado y los oferentes y la conformación e instrumentación de un plan de *marketing*.

- KOTLER, P.: *Dirección de marketing: Conceptos esenciales*. México: Pearson Educación, 2003.

  El autor de este libro describe de una forma fidedigna lo que está sucediendo en el campo de la dirección de *marketing* a través de la resolución de casos y simulaciones.

- KOTLER, P. y ARMSTRONG, G.: *Marketing*. México: Pearson Educación, 2018.

  El diseño de una estrategia de *marketing* orientada a los deseos y necesidades de los clientes o las asociaciones como forma de establecer relaciones con ellos son solamente dos de los aspectos básicos sobre los que versa el contenido de esta obra.

- MARTÍNEZ-VILANOVA, R.: *Los cien errores en el proceso de ventas*. Madrid: ESIC Editorial, 2013.

  Esta obra recoge una serie de recomendaciones eminentemente prácticas que abarcan desde la preparación de la entrevista hasta el control de los resultados obtenidos, pasando por todas las fases de un proceso de venta.

→ MORALEDA, A. L.: *Consejos fundamentales para el vendedor: 120 consejos prácticos para vender más y mejor.* Madrid: FC Editorial, 2006.

En este libro se recogen más de un centenar de consejos prácticos de temática muy variada sobre la labor del vendedor: actitud personal, carácter, formación profesional, organización de su propio trabajo, comunicación con el cliente, etc.

→ MORALEDA, A. L.: *Cómo conseguir la primera cita: uso de las referencias y de las llamadas frías para conseguir entrevistas y lograr nuevos clientes.* Madrid: Fundación Confemetal, 2001.

Este libro está dedicado por completo a la consecución de la primera cita con un cliente con el que hasta ahora no se ha tenido relación. Además, se ofrece un sistema para que un aspecto tan básico y elemental como es la gestión de la cartera de clientes actuales no se lleve a cabo de forma intuitiva e improvisada.

→ ONGALLO, C.: *El libro de la venta directa.* Madrid: Ediciones Díaz de Santos, 2012.

En esta obra se explica de forma rigurosa cómo la venta directa ha contribuido a la creación de conocimiento, en lo que al mundo de las ventas y las relaciones humanas se refiere.

→ RUBIO Navarro, E.: *El vendedor excelente: manual de técnicas de venta para el éxito.* Barcelona: Editorial Paidós, 2016.

Con un enfoque eminentemente práctico, la autora de este libro explica qué sucede en una situación de venta y cuáles son las técnicas más adecuadas para que esta sea conducida con éxito.